ジョン・デューイ　著

コモン・フェイス

宗教的なるもの

髙徳　忍　訳

凡例

一、本書は、J・デューイ（John　Dewey,1859-1952）の著作：*A Common Faith*, New Haven And London. Yale University Press. Copyright © 1934 by Yale University Pressの翻訳である。同時にJ. Dewey, A Common Faith（1934）,The Later Works, 1925-1953. Vol. 9:1933-1935, Southern Illinois University Press, 1915を参照した。

一、原典のページは、本文中に例えば**原典15-16**のように縦書きの数字で示した。

一、原典のイタリックは太字で、引用符は括弧で示した。

一、読みやすくするために、各章のパラグラフに原文中にはない、キーワードの小見出しをつけ、同じものを目次として掲載した。

一、訳語の中には、例えば訳語が同じ「観念」でも、原語では、"idea"や"notion"のように異なる場合があるので、原文の語句の区別を明確にするために、"notion"の訳語には「ノーション」と、できるだけカタカナでルビを振るようにし、索引では一部の原語をカッコにして示した。

コモン・フェイス◆目次

第1章　宗教対宗教的なもの…………9

二つの意見、二つの陣営　10／宗教的なものと超自然的なもの同一視、経験の宗教的な側面の性質、夾雑物　11／宗教の定義と裏の意味　12／三つの事実（宗教的要素）、目に見えないパワー　13／従順や尊敬　14／道徳的モチベーション　15／宗教の教習、その方法の論理　16／二つのポイント　18／実体名詞としての「宗教」と形容詞としての「宗教的」の区別　20／宗教的質、経験の宗教的要素、宗教的経験　22／経験の質としての「宗教的」　23／神の存在の「証明」、実験的方法　24／あるライターの印象的な記録　25／「証明された」こと＝調整、方向づけ、諸条件の複合体の実在性　27／態度　29／「順応」　30／「適合」　31／「調整」、ストア派の決意　31／宗教的態度　33／サンタヤーナ、想像力の「介入する」と「付随して起こる」の区別　33／訓練、「織り混ぜ合わされる」と「互いに浸透する」の区別　34／自己と宇宙とが調和すること（自己が結びつく諸条件の全体性の名称として）、自己の統一、全体的自己＝観念、想像的な投影　35／「思弁的」すなわち知性的な信念と、「正当化する」信仰と呼ばれる行為との区別、何らかの目的が行いに対して最高であるべきであるとするある確信のような信念と、何らかの対象あるいは存在が知性のための真理のようなものとして実在するとする信念との区別　37／道徳的なリアリティ、道徳的信仰の欠如　38／宗教的なるもの＝「情緒に触発された道徳性」　41／理想主義に固有の弱点　43／純粋で安定したパースペクティブ　43／自然との協同への依存性、人間的本性の尊厳の感覚、畏敬や尊敬の感覚　45／自然への畏敬の念　45／探究、自然の相互性　46／まとめ　47

第2章　信仰とその対象……………51

知性的な信念（教義）、文献＝教義上の装置　52／科学と宗教の対立　54／探究や反省の新しい方法　55／革命的な変化の限界、教会内でのファンダメンタリストとリベラル派の間に増大しているギャップ、方法の問題　56／積極的な教訓　57／教義の合理化、リベラル派の教義の定式化、正当化　58／自然の領域と恩寵の領域、自然的知識と啓示、科学的経験と宗教的経験　59／神秘的経験の事実と理論の区別、論点先取　60／神秘主義、宗教的経験と宗教的経験の解釈の区別　61／信仰復興運動家の一部のセクト　63／二つの異なった領域、二元論の循環的な性格　64／科学の方法と「教義」　65／科学と宗教の対立（知性の方法と教義上の方法）　67／神秘的経験、循環　67／シンボル、先験的なリアリティ　68／道徳やその他の理想価値のシンボル、目的の具現化、目的のリアリティのシンボル　69／「神」という言葉　71／「非-理想的」という言葉、ユダヤ教とキリスト教＝道徳的でスピリチュアルな性格　72／理想目的のリアリティ、想像力＝機関　72／理想的な質、実体化　73／理想的なるものと物理的なるものと結合（分離）、経験の宗教的価値、理想目的や価値のリアリティ　74／物理的な力、パワーという制裁　75／あらゆる証拠の探求、悪の実際性のあらゆる問題、悪の発生の問題　76／探求と探究、外部のパワーに依存することは、人間的な努力を放棄することのカウンターパートである。善さの至福千年　77／キリスト教のドグマ、悲観主義から楽天主義へ、ロマンティックな楽天主義＝キリスト教　78／自然的知性の立場、善さと悪の混合物、善さの方向への再構造化　79／反論の誤解（理想と存在物との分離の状態）　80／私の批判（理想と特定の存在者の同一視）、経験のクライマックスな瞬間、理想目的　80／創造のプロセス、相互性　83／神の観念、神的なものの観念、理想的可能性　84／理想目的の現実的な諸条件との結合のようなものの、明確で激しい概念には、安定した情緒を引き起こす能力がある　85／理想目的の現実的な条件との結合の効用、スピリチュアル、神秘的経験、神秘主義、結合＝結合すること　86／「神」という言葉を使用する理由、攻撃的な無神論や超自然主義＝自然への畏敬の念の欠如　87／宗教的態度、「神的なもの」＝向上心の言葉、人間主義的な宗教＝僭越なもの　88／マシュー・アーノルドの「我々人間のものでない力」、外的なエホバの回想　89／最近の科学と古い二元論、人間と物理的な自然、メカニカル、古典的タイプのメカニカリズム、メカニズム　90／ジェイムズ・ヘンリー・ブレスレッドの著書『良心の夜明け』　91／まとめ　93

第3章　宗教的効用の人間的居場所

第3章　宗教的効用の人間的居場所……………95
宗教の社会的結びつき（習慣の集団的モード）、宗教の核心部分＝儀式やセレモニー、伝説や神話、物語　96／宗教的コミュニティ、寺院、教育、ユダヤ人コミュニティ　97／宗教の社会的な核心の変化、国家と教会の対立、教会＝「ある特別な制度」、コミュニティからアソシエーションへ　98／科学が宗教の信条に及ぼす直接的な効果＝二次的重要性　100／科学の間接的な効果、新しい知識の適用性　100／宗教のファンダメンタリスト、カトリック教会　102／スコープス裁判　102／ルネサンス＝世俗主義、「自然宗教」、独立的な会衆派、超越主義　103／宗教の社会的な位置や効用　104／革命を構成する二つの現実　105／宗教と宗教的効用の間の区別　106／ローマ・カトリック教会、生活の世俗化＝背信行為のひとつの証し、プロテスタンティズム＝わがままな異端の証し　107／プロテスタント教会、神との霊的交わり、良心や意志の神との直接的な関係性　108／世俗化は衰退ではない　109／社会的進歩は自発的な宗教的アソシエーションの産物ではない　110／道徳的徴候　110／超自然的なるもの＝異常なるもの、超自然主義＝社会的宗教　111／異常なるものの「自然的な」説明、スピリチュアル、心の二重性　111／心の二重性と第二の対比のようなもの　112／現在と将来の宗教的な問題　113／リベラル派の宗教サークル、真理の二重性の新事実　114／三つの成長の段階、リベラル派の神学者の根本的な二元論＝不安定な均衡状態、スピリチュアルな価値の二つの領域（世俗的なるものとスピリチュアルなるもの、神聖でないと宗教的なるものの昔の二元論）　115／それ以前の信念の段階に戻ろうとする試み　117／社会的関係と諸制度との関係の問題、偶然的　119／クラレンス・エアーズの言明　119／マイナスの事実、無知を論拠にして超自然的なるものに至らせる古い昔の推論　120／社会的知性　121／孤立して、個体としての存在の空虚さの自覚を大きくさせるサイン　123／自由放任の考え方の基本的なルーツ、自由放任主義の表現、方法としての知性　124／知性と情緒の間にはいかなる対立もない。情熱的知性、知性と融合しない情緒は盲目であると言うことは、同語反復である　125／公的な関心の理解＝宗教的効用、超自然主義の問題点　126／情熱、熱意　127／技術的なスキル、二者択一（超自然的なものへの依存性か、自然的な働きの使用か）、二つの選択　128／教会の本来的矛盾、排他的で権威的な地位への要求を放棄することが、ジレンマを取り去るための必要条件である　129／リップサービス、人間に共通する兄妹の間柄という観念、分割の概念　131／まとめ　132／実践的信仰　135／コモン・フェイス　136

語句索引・人名索引……………161
訳註…………162
解説…………195
第1章　宗教対宗教的なるもの　196／第2章　信仰とその対象　215／第3章　宗教的効用の人間的居場所　241／おわりに　262
あとがき…………269

第1章　宗教対宗教的なるもの

二つの意見、二つの陣営

今日のように、人類が、歴史上こんなに多く二つの意見をもっていて、二つの陣営にこれほど分かれていたことはかつてなかった。諸宗教は、これまで伝統的に超自然的なるものという観念に結びつけられ、しかもそれについてのはっきりした信念に基づくことが多かった。今日では、多くの人たちが、宗教的と呼ばれるのに値するどんなものも、この超自然的なるものから離れてはありえないと主張している。

ところが、こうした信念を主張する人たちは、多くの点で異なっている。彼らは、この超自然的なるものにアクセスする、あくまでも確かな手段としてだけであるが、ギリシア正教とローマ・カトリック教会のドグマや秘蹟《サクラメンツ》に承服する人たちから、さらには有神論者か、あるいは穏健《おんけん》な理神論者にまで及《およ》んでいる。

彼らの中間には、純粋な良心に助けられた聖書が、超自然的な真理やパワーにふさわしい手段と考える、多くのプロテスタントの教派《ディノミネイションズ》(訳注1)がいる。それでも、彼らは次の点で一致している。それは、自然のパワーを超える、超自然的な存在者《ビーイング》と霊魂の不滅《イモータリティ》を必要としていることである。

また、これに反対するグループは、文化や科学の進歩が、この超自然的なるものや、それとともにそれを用いた信念に結びつけられた、あらゆる宗教への信用もすっかり失わせていたと考える人たちから成っている。でも、彼らはそこにとどまっていない。

このグループの極端な人たちは、超自然的なるものを取り除くことで、歴史的宗教だけでなく、それらとともに宗教的な性質のようなものの何もかもが退けられるにちがいないと信じている。

原典１‐２頁

歴史的知識は、歴史的宗教を創始したと言われる人物の超自然的な性格を生みだすためになされる主張の信用をこれまで失わせてきた。例えば、神聖であると見なされるような文学に寄与しているとされる超自然的なインスピレーションの謎《なぞ》が解き明かされ、人間学や心理学の知識が、宗教的な信念や習慣《プラクティシズ》の原因である、このあまりにも人間的な出所をあばくとすれば、宗教的な何もかもが、同じようになるはずだと、彼らはそのように言うのである。

宗教的なるものと超自然的なるもの同一視、経験の宗教的な側面の性質、夾雑物

これらの二つの対立するグループには共通する一つの観念がある。それは、宗教的なるものと超自然的なるものとの同一視である。これからの章で、私が提出しようとする問題は、同一視の根拠と結果とに関係する。それは、その理由とその価値である。

これから議論の中で、私は経験の宗教的な側面の性質について別の概念性を発展させ、それを、この超自然的なるものや、その周辺から成長してきたものから分離させる概念性を発展させる。

私は、次のようなことを明らかにするつもりでいる。それは、これら超自然的なるものから派生したものは夾雑物《きょうざつぶつ》であり、純粋に宗教的であるものは、それがそれらの心配がなくなった場合に、解放のようなものを経験すること、つまりそのとき初めて、経験の宗教的な局面は、それ自身のために自由自在に発展することができるようになることである。

ところが、こうした見解は、他の両陣営からの攻撃に晒《さら》されることになる。この見解は、今日、宗教に熱心であるのに、最も影響力《ホールド》のある人たちを含めて、伝統的な宗教に対峙《たいじ》している。また、この公表された見解は、それが、これまで伝統的な宗教や制度が基づいてきた、土台を引き離してしまうので、彼らには、宗教的な要素それ自身の生死にかかわる神経を切断するもののように思われるところがある。

原典2－3頁

さらに別の側からは、私がとっている立場は、気の小さい中途半端な立場で、徹底した思考に値しない、譲歩や妥協のように思われているらしい。それは、ちょっと感じやすいだけの気質がもとで懐《いだ》くようになった見方のようなものか、そうでなければ子どもの頃に注入《インドクリネイション》されたものの情緒的《イモーショナル》な後遺症か、あるいは非難を避《さ》けて、機嫌をとるような願望の表明のようなものとまでも見なされる。

宗教の定義と裏の意味

私の問題の核心部分は、この最初のセクションでそれを発展させようとする限り、それは、宗教、**ひとつの**宗教と、宗教的なるものとの間、つまり実体名詞によって示されることがある何かあるものと、形容詞によって指示される経験の質との間に相異があるということである。一般的に容認される、本質的な意味での宗教の定義を捜し出すのは、容易なことではない。

それでも私は、**オックスフォード辞典**に、次のような定義を見つけることができた。それは、「人間の運命をコントロールするものとして、しかも従順《オビーディエンス》や尊敬《レヴァランス》や崇拝《ワーシップ》に権利を与えるものとして、何か目に見えない、より高いパワーを人間の一部に認めること」というものである。

この定義は、もっと崇高《すうこう》な、目に見えないパワーの超自然的な性格を主張する場合に、引用されそうな他のものに比べて、それほどはっきりしていない。それでも、この定義には、歴史的な諸宗教の特徴である、超自然的なるものを用いた信念に結びつけられた観念をそれらの出所とする、多くの裏の意味が課せられている。

三つの事実（宗教的要素）、目に見えないパワー

ところで、原始的と呼ばれるものを含めて、諸宗教の歴史によく精通している人が、この定義を、さまざまによく知られている事実と比較して、この比較によってこの定義が何を意味しているかをまさに特定し始めると仮定してみよう。

原典3－4頁

その場合に、私には、次のようなことが予想できる。それは、彼は、この定義の言葉をほとんど意味が残らないような共通の分母にまで減らしてしまうような、これから述べる三つの事実に

よって衝撃をうけるだろうということである。

彼は、まずこの引用された「目に見えないパワー」が、これまで多くの相《あい》入れない、やり方で考えられてきたことに気がつくであろう。これらの相異を削除すると、目に見えないとパワフルという何かあるものに、最低限触れるだけで、それ以外には何も残らない。

それは、メラネシア人の曖昧で、定義できないマナ(訳注2)、原始神道の神、アフリカ人のフェティッシュ(訳注3)、自然の随所《ずいしょ》に偏在し、自然の力に生命を吹き込む、ある人間的特性をもつスピリッツ、仏教の究極的で非人格的な原理、ギリシア思想の不動の動者(訳注4)、ギリシアやローマの万神殿《パンテオン》の神々や半神的ヒーロー、キリスト教の全能だが、対応する悪のパワーによって制限されている、人格的で、愛する摂理《プロビデンス》、イスラームの独断的な意志者、理神論(訳注5)の最高の立法者や裁判官として、考えられてきた。

しかも、これらは、見えないパワーがこれまでに考えられてきた、ごく僅《わず》かではあるが、突出《とっしゅつ》したいろいろな種類のやり方にすぎない。

従順や尊敬

第二に、これまでに従順《オビーディエンス》や尊敬《レヴァランス》が表現されてきたやり方においても、少しも類似している点がない。恐ろしいパワーや愛と知恵の存在者《ビーイング》だけでなく、いままでは動物、亡霊、先祖の崇拝や男根崇拝もあった。

尊敬は、ペルー人やアズテック人の人身供犠《サクリファイシズ》、いくつかの東洋の宗教の性的酒宴、悪魔《あくま》払いの祈祷《きとう》や沐浴《もくよく》、ヘブライの預言者が高ぶらない、悔恨《かいこん》の心を捧《ささ》げること、ギリシア正教やローマ教会の手の込んだ儀式においてもいままで表現されてきた。

原典4-5頁

供犠でさえ、これまで同じではなかった。例えば、プロテスタントの教派《ディノミネイションズ》やイスラームではかなり荘厳《そうごん》になされている。これまでに、それが実際にあったところでは、それは、あらゆる種類の様式がとられ、種々雑多なパワーやスピリッツに向けられてきた。それは、贖罪《エクスピエイション》や慰撫《プロピシエイション》のために、それも特別の加護《かご》を得るためにも使われてきた。考えられるような目的で、これまで、そのために儀式が用いられてこなかったようなものはひとつもない。

道徳的モチベーション

最後ではあるが、アピールされ、利用されそうな道徳的モチベーションの中にも、認められるような統一はひとつもない。これらのモチベーションは、次のように、かけ離れている。それらは、果てることのないひどい苦痛に対する恐怖、時には性的快楽が目につきやすい要素になった、永遠の至福《しふく》に対する希望、苦行や極端な禁欲主義、売春と貞節、不信仰者を根絶するための闘いや不信仰者を改宗させたり、罰したりするための迫害と博愛的熱心さ、押しつけられたドグマを卑屈《ひくつ》に受け入れること、それは、兄妹愛や人々の間での正義《ジャスティス》の支配への憧れ《アスピレイション》、などに加えてそうである。

もちろん、私は、どの図書館においても多くの蔵書が占めている、そのごく僅《わず》かな数の事実を述べただけにすぎない。宗教の歴史のそんなに暗い面を見たくない人たちからは、なぜそれだけ暗い事実が、あえて持ち出される必要があるのか、と訊《き》かれるかもしれない。でも文明化した人間には、獣性や迷信の素質のようなものがあり、それらの要素が依然として今でもあるのは、周知のことである。

事実はそれどころか、キリスト教の最も影響力のある様式も含めて、いくつかの宗教は、人間の心はすっかり堕落していると、これまで教えてきたのではなかったのではないだろうか。

原典5－6頁

宗教の教習、その方法の論理

宗教が、それを全体に広めるためにやってきた教習は、それらの残酷さや淫《みだ》らなことを用いた、恥ずかしい習慣《プラクティシズ》や、品位を落とすような、知性的には信じられない信念に従ってきたのに、どのようにしたらそのような傷跡を残さずにできただろうか。また、少ししか知識を持たず、知るために何も確実な方法を持たない人たちの場合に、それは、原始的な制度で、それも僅かしか自然の力をコントロールできないので、彼らは結果的に常に恐怖の状態で生活していたのだから、我々がこうして見つけ出すもの以外に、他に何が期待できただろうか。

私は、歴史的宗教が、人々が生活してきた社会的な文化の諸条件とこれまで関係してきたことを喜んで認める。それどころか、私がかかわることは、過去の諸宗教のものである、大きくなりすぎた特性を処分する、その方法の論理を徹底させることにある。

この論理によると、いま広まっているような宗教上の信念や習慣は、文化の現在の状態と関係がある。

目に見えないパワーや、それが人間の運命に影響を与えるやり方や、また我々がそれに対してとるべき態度《アティチューズ》に関して、もし、過去にそれだけの柔軟性が通用していたならば、いったいどうして概念や活動での変化がいまはもう終息した、と当然のことのように思うのだろうか。

この論理は、過去の宗教の不便な局面を取り除くことに関係していて、いま受け入れられている宗教の中に、大きくなりすぎた文化に由来する残存物が、どのくらい多くあるのかを問うこと《インクァイアー》を我々に強いている。

これは、目に見えないパワーや、我々のそれらとの関係についての、どのような概念性が、現時点での、最高の業績や向上心とに一致するかを訊《き》くことを、我々に強いている。

これは、想像力のもとで、目に見えないものの観念は何であるか、それが我々をコントロールする方法の観念は何であるか、尊敬《レヴァランス》や従順《オビーディエンス》が、そこで表明されるようなやり方の観念が何であるかを訊くことによって、過去を精算して、始めからやり直すことを要求している。そのことは、経験において基本的に宗教的であるものは何であろうとも、歴史的な夾雑物《きょうざつぶつ》から、ひとつ残らず自由にそれ自身を表現する機会を持つならば、そうなるのである。

二つのポイント

原典7頁

そういうわけで、我々は先に与えられた定義の要素に戻ることにする。それは、宗教の普遍性を擁護《ようご》するために、目に見えないパワーに関係する、最も野蛮で品格のない信念や習慣《プラクティシズ》、また道徳的な内容を最も大きく共有する、高貴な宗教の観念に等しく適用されるような、定義のようなものを受け入れて、そのことがいったい何になるのだろうかというものである。

ここには、次の二つのポイントが関係している。

そのひとつは、人間の運命をコントロールしていて、従順《オビーディエンス》や尊敬《レヴァランス》や崇拝《ワーシップ》が依《よ》っているとされる、そうした目に見えないパワーの観念《ノーションズ》の中には、それらを維持していくに値するものは、何も残されていないのではないかというものである。それは、もし我々が沈黙したままで、そのパワーにあるとされてきた性質、すなわち、そこにおいてそのパワーがこれまで人間の運命をコントロールすると思われ、服従《サブミッション》や畏敬《オー》が表明されてきた、極端に異なったやり方を無視するとすれば、そうなるのではないかというものである。

もうひとつの別のポイントは、我々が選び《セレクット》、選択《チューズ》して、次のように言い始めた場合である。それは、目に見えないパワーについて考える、一部の現在のやり方が、その他のどれよりも優れているとか、つまり自由で、自尊心のある人間によって示された尊敬《レヴァランス》が、怯《おび》えた人々が気まぐれな権力者に盲従《もうじゅう》するように演じた、従順より優れているとか、我々が、人間の運命のコントロールは、無鉄砲な亡霊か、まったくの暴力かによってよりも、むしろ賢くて、愛に満ちた聖霊《スピリット》によって、行使されていると信じるほうがいいと、――私が言う場合に、我々が選択を始め、我々はいまだに終わらない途《みち》へと踏《ふ》み込んでいる、ということになる。

　ここが、我々が自らもっと先に進むように促《うなが》されるポイントで、我々はそこに到達したのである。

原典７－８頁

　というのは、我々は、具体的に、単数では決して宗教であるようなものはない、と認めざるを得ないからである。数多くの宗教があるだけである。「宗教」は、厳密には集合名詞であって、しかもそれが表す集合は、論理学のテキストの中で例をあげて説明されているような種類のものでもない。それは、画一化とか、あるいは集まりの統一ではなく、それはどれをとっても種々雑多の総数の統一である。

　そのために普遍性を証明する試みは、多すぎるか、あるいは少なすぎるかのどちらかしか証明していない。いままで宗教が普遍的であったことは、我々が何でもその内容を知っている、あらゆる民族も**ひとつの**宗教をもっていたという意味では、ありそうなことである。ところが、それらの相異があまりに大きくて、ショッキングなので、抽出されうる、共通の要素はどれも意味のないものになる。

　したがって、宗教が普遍的であるという観念は、次の点でほとんど何も証明していないのである。それは、ひとつの宗教を除いて、他の宗教はどれもペテン師として、本当は何かの悪魔崇拝《ワーシップ》のようなものか、あるいはいずれにしても迷信の作り話として、糾弾《きゅうだん》しているところをみると、それだけ昔のキリスト教の護教者の方が、現代の一部の護教者よりこれまでは分別《ふんべつ》があったように見える、という点である。

多くの宗教の中から選択《チョイス》するということは、命令的《インペラティブ》であり、しかも選択を必要不可欠とすることは、普遍性から見た議論をまったく説得力のないままにしておくことになる。それに、我々が一度この選択の途に入り込んだら、すぐに一般的にはいまだに理解されない、ひとつの可能性が出現するのである。

実体名詞としての「宗教」と形容詞としての「宗教的」の区別

というのは、諸宗教の倫理的で、理想的な内容が歴史的に増大することは、純化のプロセスがさらに進むことがあることを示唆《しさ》しているからである。このことは、さらに進んだ選択《チョイス》が差《さ》し迫ったものになり、そこでは経験の中からある一定の価値や効用《ファンクションズ》が選ばれるようになるかもしれないことを示している。

この可能性が、宗教的なるものと宗教との相異について語る場合に、私の念頭にあったことである。私は、ひとつの宗教を提案しているのではなく、むしろ宗教的と呼ばれても差し支えない要素や見通し《アウトルックス》の解放を提案している。

原典8-9頁

というのは、私がひとつの宗教を、それが、アメリカ先住民のスー族か、ユダヤ教か、あるいはキリスト教など、どんなものであろうと、それをもつや否や、その瞬間に宗教的と呼ばれることもある経験の中の理想的要因は、それらにおいては本来のものではない負担のようなもの、それらとは無関係の現在通用している信念や制度的習慣《プラクティシズ》という負担のようなものを引き受けることになってしまうからである。

私は、自分が言いたい、このことを、現代の生活に共通している一つの現象から、例をあげて説明することができる。

どんな宗教も受け入れない人間は、それによって非－宗教的な人間であると示されなければならない、と多くの人には考えられている。けれども、次のようなことも考えられないわけではない。それは、宗教における現在の停滞は、諸宗教には、歴史的な夾雑物《きょうざつぶつ》という重荷があるために、経験の宗教的な質が、現在の諸条件にふさわしい、知性的で、道徳的な表現を意識に浮かべ、見つけ出すことを、いまはそれらが妨害しているという事実と密接に結びついているということである。

私は、実情はいま述べた通りであると思っている。私は、多くの人たちが、ひとつの宗教として実際にあるものから、それの知性的で、道徳的に意味するところによって、あまりに不快にさせられたので、彼らが、それらが実を結べば、純粋に宗教的になるであろう、自身の中の態度《アティチュード》に気づくことさえないのではないかと思っている。

私は、この注意が、実体名詞としての「宗教」と形容詞としての「宗教的」とを区別することによって、私が言おうとしていることを明らかにするのを助けるのではないかと期待している。

幾分、もっとはっきり言えば、ひとつの宗教（しかも、今さっき述べたように宗教一般のような、そのようなものは存在しない）は、それが緩《ゆる》やかか、あるいは厳しいかにせよ、一部の、いわば、制度的な組織をもつ、特別な多数の信念や習慣《プラクティシズ》のようなものを常に意味している。それとは対照的に、形容詞の「宗教的」は、特別に可能である実在《エンティティ》するものとしては、制度的、あるいは信念のシステムとしてのどちらにおいても、何も示していない。

原典9-10頁

それは、人があれこれの歴史的宗教、あるいは既成の教会を指さす場合のように、具体的に指摘できるようなものを何も示していない。というのは、それは、それだけで実在することが可能なものや、あるいは特定の、他とはっきり区別できる実在物《イクジステンス》の様式に組織されるようなものを示していないからである。それは、すべての対象や、提案された、あらゆる目的、言い換えれば理想に向かってとられるような態度《アティチュード》を示している。

宗教的質、経験の宗教的要素、宗教的経験

けれども、私は、ちょうどいまなされた区別の実現が、現在では宗教的質を窒息させたり、あるいは制限したりしている夾雑物《きょうざつぶつ》から、それを解放するように作用するであろうとする自分の提案を、発展させる前に、言葉の上では、いままで自分がとってきた立場にいくつかの点で似ているが、それでも実際には、それからまったく隔たった分野にあるような立場に言及しておかなけ

ればならない。

私は、これまで「経験の宗教的要素」というフレーズを何度か使ってきた。目下のところ、とりわけリベラル派(訳注6)のサークルで、ある信念が本物であることを保証し、ある習慣《プラクティシズ》を、そのような特定の祈り《プレイアー》や崇拝《ワーシップ》の様式として、望ましいものであることを保証するものとして、宗教的経験について語られることが多い。宗教的経験は、宗教それ自体の究極的基盤《ベイシス》であるとまで主張されている。

この立場と私がこれまでにとってきた立場とのギャップは、いま私が指摘して、関与していることである。

経験の質としての「宗教的」

それそのものが宗教的であるとする、確かな種類の経験があるというような観念《ノーション》に固執《こしつ》する人たちは、まさにその事実によって、そこから特別なものを作り出す。それは、審美《しんび》的で、科学的で、道徳的で、政治的なものとしての経験や、同胞愛や友愛としての経験から区別されたある種の経験のようなものである。

けれども経験の質としての「宗教的」は、それらのどの経験にも属することがある、何かあるものを意味している。

原典10－11頁

それは、それだけで実在することができる、あるタイプの経験とは対極にあるものである。この区別は、このまったく異なった種類の経験から構想されたものが、ある特別な種類の対象への信念のようなものを妥当と認めるために、またある特別な種類の習慣《プラクティス》を正当化するために使われることが注目される場合に、明らかになってくる。

神の存在の「証明」、実験的方法

というのは、神の存在《イクジステンス》の「証明」、それらは存在論的、宇宙論的、目的論的という名称で行われているが、それらが古いために、それだけにかえって現在は満足していない多くの宗教家がいるからである。たぶんこの不満の原因は、カント(訳注7)が、これらの疑わしい証明の不十分さを示すのに使用した議論というよりはむしろ、それは、それらの証明が、活動中の宗教を何かサポートするには、あまりに形式的すぎるのではないか、という物足りなさの感情である。でも、いずれにしても不満は存在するのである。

それにこれらの宗教家は、他の分野での実験《イクスペリメンタル》的方法の進歩に影響されている。それだからこそ、彼らは、他の誰にも劣らない、まさに立派な経験論者であり、――それどころか、科学者そのものであると断定することより、他にもっと自然で、ぴったりするようなことが何かあるだろうか。科学者が、ある種類の諸対象の存在《イクジステンス》を証明するために、ある種類の経験を当てにするように、宗教家は、宗教の対象、とりわけ最高の対象、神の存在を証明するために、いわば、ある経験のようなものを当てにしている。

あるライターの印象的な記録

　ここでこの論議は、このタイプの推論のある独特の実例のようなものを紹介することで、もっと明確にされることもある。

原典11－12頁

　あるライターが、次のように言っている。「私は、働きすぎから体をこわし、まもなく神経衰弱のようになった。眠れない夜のある朝……私は、そのようにいつまでも自分自身に頼《たよ》ることをやめ、神に頼ろうと決意《リゾルブ》した。私は、私が自分の生命をその究極の起源に関係させ、私が神のもとで生き、行動している、という意識を取り戻し、さらに自分の存在《ビーイング》を経験できるような静かなる時間を、毎日取っておくことを決心した。それは、三十年前であった。そのときから、私は文字通り、暗くあるいは絶望の時間を経験したことがない」
　これは、一度聞いたら忘れられないような記録である。私は、それが本物であること、あるいはここに述べられた経験が本物であることを疑わない。それは、経験の宗教的な局面のようなものを実例で示している。しかし、それは、その他に特定の宗教に添《そ》えられた負担のようなものを伴うような、その質の使用も例にして説明している。というのは、このライターは、キリスト教という宗教のもとで育てられてきていたことで、その主体は、いかにもこの宗教らしい、人格神という表現で、その質を解釈しているからである。道教《どうきょう》の信者も、仏教徒も、イスラーム教徒も、あらゆる超自然的な支配力や権力を拒《こば》む人たちをも含む、無宗教の人も、これまで彼らの印象では何か似たような経験をしてきたのである。

それなのに、別の著者がこの一節に次のようなコメントをほどこしている。「宗教の専門家は、思弁的推測の宇宙論的神か、あるいは道徳的楽天主義の正当性にかかわる、キリストのような神かのどちらかよりはむしろ、この神が存在することを確信できる」それから続けて、このような経験は、「救い主で、人間が果たすことができる、ある一定の諸条件のもとで、罪に打ちかつパワーであるような神が現存し、接近可能で、さらに科学的に知りうるリアリティのようなものをもたらす」とも言い添えている。

ところが、この推理がもっともなのは、それがどんな種類のものでも、この印象をもたらす諸条件が「神」と呼ばれる場合だけである、ということはきっと明らかなはずである。

原典12-13頁

そんなことよりも重要なことは、ほとんどの読者は、キリスト教で「神」と呼ばれるタイプの、いわば、特定の存在者《ビーイング》の存在《イクジステンス》が、実験《イクスペリメンタル》科学の方法と類似した方法によって証明されている、ということを言いたいがために、このような推理を必要とするようになることである。

「証明された」こと＝調整、方向づけ、諸条件の複合体の実在性

ところが実際に、あくまでも「証明された」と言われるようなことは、人生の一種の調整《アジャストメント》、それをもって安全性と平和の感覚をもたらす方向づけ《オリエンテーション》のようなものを生み出すように作用する、諸条件の複合体の実在性《イクジステンス》である。こうした諸条件の複合体に与えられた、特定の解釈は、経験そのものにとっては本来的なものではない。こうした解釈は、ある一人の特定の人間が、これまでに吹《ふ》き込まれた文化に由来している。運命論者は、それに一つの名前を与えようとする。クリスチャン・サイエンティスト(訳注8)は、別の名前を、さらにあらゆる超自然的な存在《ビーイング》を拒《こば》むような者は、やはり別の名前を与えようとする。この経験の解釈を決定している要因は、そこに一人の人間が誘導させられることであり、それが、特定の教義上の装置《アパレイタス》である。

それまでの教育に結びつけられた、情緒的《イモーショナル》な堆積物は、この状況そのものに殺到《さっとう》する。そのことが、この経験に、いつでも奇妙に、神聖な貴重性を与えるようになっているので、それの因果関係への探究《インクアイリー》(訳注9)が、閉め出されることになる。このような安定した結果が、計り知れないほど貴重であるので、それが帰せられる、その原因は、たいていはこれまでに起こったことの反復以外のものではなくなり、深い情緒的な質を身につけた、ある名前をそれにプラスすることになる。

私がこの議論で意図していることは、結果の純粋性や、あるいは人生でのそれの重要性を否定することでもない。偶然にそうなることがあるかもしれないが、それは、この出来事についての、ひとつの純粋に自然主義的な説明の可能性を指摘するためでもない。

私の目的《パーパス》は、宗教的な経験が、前もって**独自**《スイジェネリス》（訳注10）**の**ものであることが無視された場合に、何が起こるかということを示すことにある。先に述べたライターの体験での、現実の宗教的な質は、生み出された**効果**で、人生とその諸条件におけるそれだけ優《すぐ》れた調整《アジャストメント》であって、その生産の方法や原因ではない。その経験が作用するやり方、すなわちその効用《ファンクション》が、それの宗教的な価値を決定する。もし再方向づけ《リオリエンテーション》が現実に起こるならば、それとそれに伴って起こる安全性や安定性の感覚は、それら自身による力である。

それは、実際に人それぞれに数多くのやり方で起こっている。それは、時には主義というものに専念することでもたらされたり、新しいパースペクティブを拓《ひら》く一編の詩によってもたらされることもある。それは、またスピノザ（訳注11）の場合に時としてあったことだが——彼の時代には、彼は無神論者だと考えられていたが、哲学的な反省を通じてもたらされることもある。

宗教的な力があるような経験のようなもの、それは、こうして生きていく上でのプロセスで、そのためにそれが何をなすかという理由からそうなるのであるが、それと、独立した種類のものとしての宗教的な経験との相異が、私に以上のような意見に言及する機会を与えたのである。もしこの効用《ファンクション》が、それ特有のタイプの信念や習慣《プラックティシズ》への依存や、ひとつの宗教を構成する、諸要素からの解放を通じて救い出されるならば、多くの個人は、次のことに気がつくであろう。それは、もっと優《すぐ》れた、もっと深い、しかも永続する調整《アジャストメント》を人生にもたらすような力のあるような経験は、本来なら普通にあると思われるほど、それらの経験はそれほどまれで珍しいものではないということである。

これらの経験は、生きていく上での、多くの重要な意味を持つ瞬間との結びつきにおいて、たびたび起こるものである。

原典14－15頁

その場合に、この見えないパワーの観念は、次のような価値の感覚をサポートし、深めるような自然や人間のアソシエーションの、あらゆる条件の意義をも引き受けるようになるだろう。その価値の感覚というのは、人間を頑張らせるので、暗黒と絶望の時代が、いつもの憂鬱《ゆううつ》な特性を持ち続けられなくなるほどである。

態度

私は、多くの人々《マインズ》にとって、ひとつの宗教から宗教的なるものを外《はず》すことを成《な》し遂《と》げるのは、そんなに簡単だとは考えていない。それは、伝統や慣習《カスタム》が、とりわけ情緒的《イモーショナリー》に満たされている場合に、我々のまさにその存在《ビーイング》とひとつになった習慣《ハビット》の一部だからである。

それでも、この乗り換えの可能性は、それの現実性によって証明されている。それで、しばらくこの「宗教的」という言葉づかいをやめて、生きていく上でのプロセスを深く、永続的にサポートするような態度《アティチューズ》とは何か、と問うことにする。

私は、これまで、例えば「調整《アジャストメント》」や「方向づけ《オーリエンテション》」という言葉を使ってきた。これらは、何を意味しているのだろうか。「順応《アコマディション》」、「適合《アダプティション》」、それに「調整」という言葉が、しばしば同意語として用いられてきたが、これらの態度は実際にあって、それらがあまりに異なっているので、思考《ソート》を明確にするためには、それらは区別されたほうがよい。

「順応」

我々が遭遇《そうぐう》する諸々の条件には、変えることのできないものがある。もしそれらが、特定のもので、限界づけられているならば、我々はそれらに一致するように、我々自身の特定の態度を変更する。このように、我々は、我々が他に頼《たの》みとするものを何ももたない場合、我々自身が、例えば天候の変化や収入の変化に順応《アコマデイト》する。

この外的諸条件が続く場合には、我々は慣《な》らされるか、習慣化されるかで、またはこのプロセスは、現在多くの場合に呼ばれているように、条件づけられている。

私は、この態度《アティチュード》を、できれば順応と呼びたいが、これには、二つの主な特徴がある。ひとつは、これが、行為の**特定の**モードに影響を与えるのであって、全体の自己にではないということで、もうひとつは、このプロセスが主に**受動的**であるということである。それでも、その態度は一般化されるかもしれないので、そのため、それは宿命的《フェイタリステック》な諦《あきら》めか、あるいは服従《サブミッション》となる。

原典15-16頁

「適合」

こうした環境に対しては、別の態度《アティチューズ》もある。それは同じように特定のものであるが、それよりもっと能動的である。我々は、諸々の条件に対抗して、それらを我々の欲求や要求に合うように変えようと努める。

例えば外国語の演劇が、アメリカ合衆国の観衆のニーズに合うように「適合《アダプティション》」される。家は、家族の変化した条件に合うようにリフォームされる。電話は、遠距離とのスピィーディなコミュニケーションの要求を満たすために発明される。乾《かわ》いた土地は、それらが豊かな作物に耐えられるように灌漑《かんがい》される。

我々自身が諸々の条件に順応する《アコマディティング》代わりに、我々は条件を変更し、結果的にそれらの条件は、我々の欲求や目的《パーパスイズ》に順応させられることがよくある。このプロセスは、適合と呼ばれても構《かま》わない。

「調整」、ストア派の決意

ところで、これら両方のプロセスは、調整《アジャストメント》とそれだけもっと一般的な名称で呼ばれることが多い。それでも、我々が生活する世界に関連して、さらになお包括的で深く根を下ろしたような変化もやはり我々自身にはある。それらは、我々の周囲のいろいろな条件に関連する、あれこれの欲求には関係しないが、そっくりそのまま我々の存在《ビーイング》に付随《ふずい》する。それらの変化が広い範囲であるために、この我々自身の変更には永続性がある。それは、その場の状況、それらは内的で外的でもあるが、それらがどれだけ有為転変《ういてんぺん》であっても、それらを通り抜けて継続する。そこには、我々の存在の多様な要素を構成し、調和させる《ハーモナイジング》ことがあるので、その結果、我々を取り囲む特別な条件の中に変化があるにもかかわらず、これらの条件は、やはり我々との関連において整理され、収拾《しゅうしゅう》される。

この態度《アティチュード》は、服従《サブミッション》の特徴のようなものを含んでいる。しかし、それは、自発的であり、外的に強いられたものではないので、自発的なものとして、それは、運にも翻弄《ほんろう》されながら、掻《か》き乱されず、じっと耐えているような、時には単なるストア派の決意《リゾリューション》(訳注12)以上のものであることもある。

原典16-17頁

この態度は、後者の適合《アダプティション》よりもっと気さくで、待っていましたとばかりに、もっと楽しいもので、前者の順応《アコマディション》よりもっと能動的である。しかも、それを自発的と呼ぶことで、それが、ある特定の決意か、あるいは意志作用《ヴォリション》に依存していることになるわけでもない。それは、どちらかと言えば、意志に**おける**、何らかの特別な変化といよりは、むしろ我々の存在の有機的な満足感《プレニチュード》として考えられる意志**そのものの**変化である。

宗教的態度

諸宗教の触《ふ》れこみとは、態度《アティチュード》にこうした全般に通じる、永続的な変化を生み出すというものである。私はできたらこの言い方を逆にして、こうした変化が起こるどのような場合にも、明らかに宗教的な態度がある、と言ってみたい。

こうした変化をもたらすのは、宗教なら**なんでも**いいというのではなく、それが起こる場合、それが、どのような主義からか、どのような手だてかによっても、そこには宗教的な見通し《アウトルック》や効用《ファンクション》のようなものがある。

前にも言ったように、教義上か、あるいは知性的な装置《アパレイタス》や成長した制度的な付着物《アクリーションズ》は、ある厳密な意味では、そのような経験の本質的な質に対して、外来的なものである。なぜかと言うと、それらは、個々人が植えつけられた伝統や文化の事柄だからである。

サンタヤーナ、想像力の「介入する」と「付随して起こる」の区別

サンタヤーナ(訳注13)は、経験の宗教的な質を、それが詩に表現されているように、これまで想像力に結びつけてきた。彼は、次のように言っている。「宗教と詩は、本質的に同じであり、それらが実践的《プラクティカル》な事柄に付け加えられる点で、単に異なっているだけである。詩は、想像力が人生に介入《インターヴィン》するだけの場合に、宗教と呼ばれ、宗教は、想像力が単に人生に付随《スーパーヴィン》して起こる場合にだけ、詩にほかならないと理解される」

この介入《インターヴィニング》することと付随《スーパーヴィニング》して起こることとの相異は、説明される、その同一性と同じくらい重要である。想像力は、人生を煽《あお》り立てるのに影響を与えることもあるし、あるいは人生に深く入り込むこともある。

原典17－18頁

訓練、「織り混ぜ合わされる」と「互いに浸透する」の区別

サンタヤーナが述べているように、「詩には一種の普遍的で、道徳的効用《ファンクション》がある」というのは、「詩の最高のパワーは、人生の理想や目標《パーパスイズ》とそれの関連性の中にある」からである。詩が介入《インターヴェン》する場合を除いたら、「観察は、皆な野蛮《やばん》な事実の観察であり、訓練も、その一つ残らずが単なる抑圧である。ただし、それは、それらの事実がよく理解され、この訓練が人情味ある使命感に具現化され、それらが想像力の創造的な活動《ムーブメント》の出発点となり、社会や宗教や芸術の中での理想的な建築物のための堅い基盤《ベイシィス》となるまでのことである。」

サンタヤーナの、この鋭い洞察について、私にコメントが許されるのであれば、私は、ただ付随して起こるだけの想像力と、介入する想像力との相異は、我々の存在《ビーイング》のすべての要素にすっかり、互いに浸透《インターペネトレイト》する想像力と、あくまで特別なだけで、一部の要因だけに織り混ぜ合わされる《インターヴォーベン》想像力との間の相異であると言うのだが、それでも現実には、単に事実のためだけに、野蛮な事実を観察することがめったにないのは、ちょうど訓練が抑圧であり、ただの抑圧にすぎない訓練がほとんどないのと同じである。

たいていの事実は、何かの実践的《プラクティカル》な目的や目標《パーパス》に関連して観察され、その目的は、あくまで想像的にだけ表現される。ほとんどの抑圧的な訓練は、理想的な質が、ともかくそのためであるとするくらいの何かの目的を、目の届く所にもっている。そうでなければ、それは、単にサディステックなだけである。それよりも、このような観察や訓練の場合、想像力は制限されていて、部分的である。想像力は、遠くに広がることはない。また深く、広く浸透することもない。

自己と宇宙とが調和することと（自己が結びつく諸条件の全体性の名称として）、
自己の統一、全体的自己＝観念、想像的な投影

想像力と自己が調和する《ハーモナイジング》こととの結びつきは、通常考えられているものよりも近い。全体というような観念は、全体的な人格的存在《ビーイング》であろうと、あるいは世界であろうと、一種の想像的な観念であって、そのままの観念ではない。

原典18－19頁

我々の観察や反省が制限されている世界は、想像的な拡張を通してようやく宇宙となる。それは、知識によって把握されることもなく、反省によって理解されることもない。観察や思考《ソート》や実践的《プラクティカル》な活動のいずれも、全体と呼ばれる、自己の完全な統一に達することはできない。**全体的**自己は、ひとつの理想であり、想像的な投影である。

したがって、自己が、宇宙（自己が結びつく諸条件の全体性の名称として）と、徹底的に、しかも深く据《す》えつけられ、調和しているという観念は、ただ想像力を通してだけ働くのである――このことが、この自己を落ち着かせることが、特別な意志作用《ヴォリション》や決意《リゾリューション》の一種の行為という意味で、自発的ではない理由のひとつである。

「調整《アジャストメント》」は、意志の表現的産物というよりは、むしろこの意志に取り憑《つ》いている。したがって宗教家が、意識的な熟考や目標《パーパス》を超えた資源からの流入のようなものとして、調整を考えたことは正しかった――これはひとつの事実であり、それは、調整が、なぜそのようにして世間一般では超自然的な資源の作品といわれるかということを心理学的に説明することを手助けし、ウィリアム・ジェームズ(訳注14)による、調整についての無意識の要因への論及に、もしかするとなんらかの光を投げかけるかもしれない。

そのため、自己が何かを行《や》って、苦しみ、それから達成する、絶え間ない流れを通じて行われる自己の統一が、自己自身によってだけでは成《な》し遂《と》げられないことに気づくことは、適切なことである。

自己は、いつでもそれ自身を超える何かあるものに向けられている。そのために、それ自身の統一は、我々が宇宙と呼ぶあの想像的な全体性の中へ、世界の移り変わる諸々のシーンを統合するという観念に依存しているのである。

「思弁的」すなわち知性的な信念と、「正当化する」信仰と呼ばれる行為との区別、何らかの目的が行いに対して最高であるべきであるとするある確信のような信念と、何らかの対象あるいは存在が知性のための真理のようなものとして実在するとする信念との区別

原典19－20頁

経験においては、想像力が理想的な諸要素と密接に結びつくことは、一般的には認められていることである。でもそのことは、想像力が信仰と結びつく場合とはちがっている。

後者の場合は、これまで知識や視覚の代用品として見なされてきた。それは、キリスト教という宗教では、目に見えないものの**証し**《エビデンス》として定義されている。(訳注15) これには、信仰は、我々の有限性や誤る本性という限界性のために、いまは見えないものを、いわば、予想する直感力《アンティシパトローリーヴィジョン》のようなものである、という裏の意味がある。したがって信仰は、知識の代用品なので、その題材と対象は、質的には知性的である。

ジョン・ロックが、この問題をまとめているように、信仰は、「ひとつの命題に、……その提出者を信用して同意する(訳注16)」ことである。そうすると、宗教的な信仰は、多数の命題に対して、それらの超自然的な立案者を信用して、真であると認められることであり、理性は、そのような信用を与える、その合理性を説明するために介入することになる。その結果、必然的に神学、言い換えると体系的な命題の群が発展し、それらは、信念が認められ、しかも同意が与えられる命題の内容を、組織化された形式で明確にしている。

この見方を考慮すると、宗教が必然的に神学のようなものを含むと主張する人たちは、間違っていない。

それよりも信念や、あるいは信仰には、このほかに道徳的で、実践的《プラクティカル》な含みのようなものがある。それだけにかえって昔の神学者は、悪魔でも信じる——そして身震いする。(訳注17) その結果、「思弁的《スペキュレイティブ》」、すなわち知性的な信念と、「正当化する《ジャスティファイング》」信仰と呼ばれる行為との区別がなされた。(訳注18)

神学的コンテキストはどれも別にしても、何らかの目的が行いに対して最高であるべきであるとする、ある確信《コンビクション》のような信念と、何らかの対象、あるいは存在《ビーイング》が、知性《インテレクト》のための真理のようなものとして実在するとする信念とには相異がある。

道徳的な意味で、確信は、理想目的のようなものによって、我々の活動的な本性が征服され、打ち負《ま》かされることを意味している。それは、我々の願望や目標《パーパスイズ》に対して、その正当な権限を認めることを意味している。

道徳的なリアリティ、道徳的信仰の欠如

原典20－21頁

このように認めることは、実践的《プラクティカル》であり、本来的には知性的ではない。それは可能な観察者になら**誰にでも**提示できるような証拠《エビデンス》を超えている。この確信に到達するのに、多くの場合に長い、骨の折れる反省がかかわることになるかもしれないが、それでも、この思考《ソート》の趣旨は、知性的な同意を正当化できるような証拠を発見することに使い尽くされるものではない。

選択《チョイス》や行いを支配する理想の権威は、理想の権威であって、事実の権威や、知性に保証された真理の権威ではなく、もちろん、真理を提出する人の地位の権威でもない。

このような道徳的信仰は容易なことではない。そもそも、人の子（キリスト）が、その再臨に際し、この地上に信仰を見い出すかどうかは、古くから問題とされてきた（訳注19）。

道徳的信仰というものが、容易なことではないので、その対象が理想的ではなく、それの我々への主張が、本来は道徳的でも、実践的《プラクティカル》でもないことを証明しようと意図する、ありとあらゆる種類の議論によって、いままで支持されてきた。それは、問題の理想が、諸事物の現存する構造の中に前もってはめ込まれているとしているからである。

その理想は、実際《イクジスト》にある諸事物の核心部分では、すでに究極的なリアリティであり、我々の諸感覚や、あるいは我々の本性の堕落だけが、我々がその先行して現存している存在《ビーイング》を把握するのを妨げている、と議論される。

強いて言うならば、正義《ジャスティス》は、それが現実の現存する世界の仕組みそのものにはめ込まれているという理由で、道徳的な理想以上のものである、というような観念から出発して、人々は、膨大《ぼうだい》な知性的な図式や哲学、さらには神学を作り上げ、諸々の理想が理想としてリアルであるのではなく、先に現存している現実性としてリアルである、ということを証明し続けてきた。

彼らは、道徳的なリアリティを知性的な同意の問題に転換することによって、自分たちが自らの**道徳的**信仰の欠如を示していることにいままで気がつかなかったのである。

原典21－22頁

あるものは、我々の力の及ぶ範囲で、現存《インイクジスタンス》すべきであるという信仰が、それがすでに現存しているという知性的な信念に変えられたのである。物理学的実在物《イクジステンス》が、この主張の正しさを裏付けできないとき、この物理学的なるものは、巧妙《こうみょう》に形而上学的なるものに変えられるのである。（訳注20）このようにして、道徳的信仰は、超自然的なるものについての知性的な信念に、問題が解決できないように結びつけられてきたのである。

道徳的信仰や活動の目的を、知性的な信条の条項へと転換する傾向は、ひとつの傾向によって推進されてきた。それは心理学者がよく知っている。

我々には、熱烈にそのようにしたいと望むことは、そのことが前々からそのようにあると信じる傾向がある。（訳注21）

願望は、知性的な信念に力強い影響力を持っている。それに、諸条件が、我々の願望の対象を実現するのに都合が悪いとき、――しかも、それは、重要な意味を持つ理想の場合に、それらは非常に都合が悪いのであるが――なんと言っても、それらの対象が、何かあるものの、究極的な構造の中に前もって具現化されていて、反対に現れているのは、ただ現れているにすぎないと決め込むのは、いわば、一種の安易な解決法である。

このとき、想像力は単に付随《スーパーヴィン》して起こるだけであり、介入《インターヴィニング》することの責任を免《まぬが》れている。性格の弱い人々は逃げ場として空想を好む。同じように、性格の強い人々は熱狂を好む。彼らと意見を異にする人たちは、最初の組によって嘆き悲しめられ、後者の組によって力ずくで改宗させられる。

宗教的なるもの＝「情緒に触発された道徳性」

いままで述べてきたことは、理想目的への道徳的信仰が、ひとつ残らずこうした事実によって質的に宗教的である、ということを結果として意味しているわけではない。

宗教的なるものは、「情緒《エモーション》に触発《しょくはつ》された道徳性(訳注22)」である。それは、あくまでも道徳的な確信《コンビクション》の目的が、単に情熱的《インテンス》なだけでなく、それらが自己を統一するために、目的によってそのように包括的に活動し、サポートされるような諸々の情緒《エモーション》を刺激する場合である。

原典22－23頁

自己と「宇宙」、それに、包括的な自己は繋《つな》がっているのであるが、これらの両方の関係で、目的の包括性は絶対不可欠なものである。

最高の権威によれば、「宗教」という言葉は、縛《しば》られるか、または結びつけられるということを意味するものをルーツにしている。もともと、それは誓うことで特定の生き方に縛られるということである――それは、フランス語の「レ　レリジュー(訳注23)」がある誓いをたてた修道士や修道女のことであるように。

宗教的態《アティチュード》度とは、想像力によって**多くの人に共通な**態度に縛りつけられる、何かを意味している。それに、この含みの多い態度は、その通常の意味で「道徳的」という言葉によって指示される何かより、もっと広義のものである。この態度の質は、芸術や科学、それに加えて善良な市民であることの中にも表示されている。

以上のように明らかにしたこの概念性を、我々が先に引用した定義の言葉にあてはめるならば、これらの言葉は新しい重要性を引き受けることになる。

我々の運命をコントロールしている目に見えないパワーは、いわば、理想のパワーである。可能性は、ひとつ残らず可能性として理想的というのがふさわしい。アーチストも、科学者も、市民も、親も、彼らが自らの召命《コーリングズ》の精神で行動する限り、目に見えないものによってコントロールされている。

というのは、より善きものに向かってできる限り努力することは、可能なるものへの信仰によって動かされているのであって、現実的なるものに執着《しゅうちゃく》することによってではないからである。また、この信仰は、その動かしているパワーと引き換えに、動かされた物が、確かに広く行き渡り、具現化された実在物《イクジステンス》に至らなければならない、という知性的な保証や、あるいは信念に依存するものでもない。

というのは、我々の態度《アティチュード》や行いを決定するような対象の権威や、我々に忠実さや献身を要求するのに、それに与えられた権利は理想に本来備わっている性質に基づいているからである。その場合に、我々は自身の最善の努力を考慮すればいいのであって、その結果《アクトカム》は我々にはないのである。

原典23－24頁

理想主義に固有の弱点

理想主義のすべての知性的な図式《スキームズ》にあるような、その固有の弱点とは、それらが、活動の理想主義を、先行するリアリティについての、あるひとつの信念の体系に転換してしまうことである。このリアリティに割り当てられる性格は、観察や反省がリードし、サポートするようなリアリティとはあまりに違っているので、結果的に、これらの図式がいつの間にか超自然的なるものと連携するように変わってしまうのは、避けられないことである。

純粋で安定したパースペクティブ

高尚《こうしょう》な理想的な質によって特徴づけられるどの宗教も、小刻みに変化する暮らし《イグジステンス》のエピソードの中にパースペクティブをもたらすのに、これまで宗教のパワーにこだわってきた。ここでも、我々は通常の言い方を逆にして、純粋なパースペクティブをもたらすものは、なんでも宗教的であるとは言うが、宗教が、パースペクティブをもたらす何かであると言う必要はない。

我々のコントロールを超えた力への依存性には、（定義の第二の要素を参照すると）疑問の余地はない。原始人は、それらの力に直面して、あまりに無力だったので、とりわけ都合の悪い自然環境においては、恐怖が支配的な態度《アティチュード》となった。それは、古くから恐怖が神々を創造した(訳注24)と言われているのと同様である。

コントロールのメカニズムが増大するとともに、恐怖の要素はどちらかと言えば割とおさまってきている。中には、我々の周囲の力は、そもそも本質的には恵み深いものであるという結論さえ出してきた楽天家もいる。

それでも、ありとあらゆる危機は、それが個人のものであろうと、あるいはコミュニティのものであろうと、人間に自分が行使するコントロールが当てにならないか、あるいは不完全な性質をもつことを再認識させる。人間が、個人的にも集団的にも、全力を尽くしたとしても、それぞれの時間と場所で、宿命《フェイト》とか幸運《フォーチュン》、偶然《チャンス》とか摂理《プロビデンス》などの観念をこれまで引き起こしてきた諸条件は、依然としてそのままである。

自然や社会の力を人間的な目的へと向けようと努力するのに、人類のもつ潜在能力《カパシティー》を強く主張することは男らしさの一部であるように思われている。

原典24-25頁

しかし、このような努力の全能性《アムニポテンス》について、無条件で、それも絶対的な言い方をすることは、聡明な勇気というよりも、むしろエゴイズムを反映している。人間の運命が、人間のコントロールを超えた力と、そのように織り混ぜ合わさられる《インターヴォーベン》というこの事実は、依存性やそれに伴う卑屈さが、伝統的な教義《ドクトリンズ》によって指示された、特定の経路を見つけなければならないと思うことを不必要にしてしまっている。

特に重要な意味をもつのは、どちらかと言えば依存性の感覚がとる形式である。恐怖は、どんな人の人生にも安定したパースペクティブを与えることは決してない。それは、分散的で、しかも自分の殻《から》に閉じこもることでもある。その証拠に、ほとんどの宗教は、これまで霊的交わり《コミューニョン》の儀式を、贖罪《エクスピエイション》や慰撫《プロピシエイション》の儀式にもつけ加えてきた。

それは、なぜかと言えば、我々の依存性は、我々の仕事や向上心をサポートしている環境とのこうした関係で表現されるのであって、それは我々が負かされることと同じだけのものだからである。

自然との協同への依存性、人間的本性の尊厳の感覚、畏敬や尊敬の感覚

本質的に宗教的ではない態度《アティチュード》というのは、人間の業績や成果を物理学的な自然や仲間の世界から切り離して、人間にあるとしてしまうことである。我々の諸々の成功は、自然との協同への依存性である。

人間的本性への尊厳《ディグニティー》の感覚は、それがより大きな全体に属して、協同している部分として、ひとつの人間的本性の感覚に基づくとき、畏敬《オー》や尊敬《レヴァランス》と同じくらい宗教的である。

自然への畏敬の念

自然への畏敬《パイアティー》(訳注25)の念は、必ずしも自然的な出来事に宿命《フェイタリステック》的に黙認することでもなければ、世界をロマンティックに理想化することでもない。それは、我々が部分である全体として、十分に根拠のある自然の感覚に基づく一方で、そのほかに、我々が知性と成果によって評価される部分であることも認めている。それは、我々がそれらに助けられて、諸々の条件を人間的に望ましいものとよりよく調和《カンソネンス》させようと努力するような能力《カパシティー》をもっているからである。

原典25－26頁

このような畏敬の念《パイアティー》は、生命には本来備《そな》わっているもので、それは適切なパースペクティブを構成する要素である。理解力や知識も、やはりパースペクティブの中に入り込むようになる。そのパースペクティブというのは、質的には宗教的である。

方向性が与えられることで、協同的になる人間的な努力を通して、真理を明らかにし続けることへの信仰は、完全な啓示《レベレイション》へのどんな信仰よりも、質的にはもっと宗教的である。もちろん、啓示は終了したと意味では完全でない、と主張することは、今ではいつものことである。

それでも、諸々の宗教は、少なくとも本質的な枠組みがその重要な意味を持つ道徳的な特徴で収拾《しゅうしゅう》されていて、提出される新しい要素は、この枠組みと一致することによって判断されなければならないと主張している。そのため、何かの確固たる教義上の装置《アパレイタス》が、どの宗教にも必要になっている。

探究、自然の相互性

ところが、継続される厳密な探究《インクァイアリー》の可能性への信仰は、諸物の経路や、あるいは図式《スキーム》に対して、真理へアクセスすることを制限することはない。それは、あらかじめ真理は普遍的である、と言っておいて、それからそれに至る道はひとつしかないとつけ足したりはしない。それは、それを保証するために、何かのドグマか、教義《ドクトリン》の項目かの支配に左右されることもない。
それは、活動中の知性の意味を明確にしている科学的方法が、世界のミステリーの中へもっと押し進められ、その働きの中で自身が促進《そくしん》され、改良されることを前提条件にすることで、人間と環境との間の自然の相互性《インターアクションズ》が、さらに知性を育て、より多くの知識をもたらすことを確信している。

このように、質的には宗教的になるような、知性への信仰のようなものがある——それは、ひとつの事実であり、ことによるとこの事実は、一部の宗教家が、力のようなものとしての知性の可能性を軽蔑《けいべつ》するために頑張る理由の説明になるかもしれない。彼らは、そういう信仰が恐るべきライバルになると、当然のことながら感じているのである。

原典27頁

まとめ

いままで述べてきたように、このような理想に忠実になることで、自覚的に鼓舞《こぶ》されるような生活は、効用においても、熱烈《アーダァ》に宗教的なるものを刺激するような、包括性や激しさになる程度にまで比較してみると、それでもそれはそうめったに起こるものでもない。

むしろ、我々はそのような理想やそれらが鼓舞する活動を役に立たないと判断する前に、我々はこれまでにあるような状況のどのくらい多くが、次のような事実によっているか、せめて自らに問うべきである。それは、経験の宗教的な要因が、これまで超自然的な経路を選抜させられ、それによって適切でない夾雑物《きょうざつぶつ》を詰め込まされてきたという事実である。多数の信念や習慣《プラクティシズ》、それらは人類に共通する自然的な関係からは離れていて、それらが影響を及ぼす程度に応じて、そういう関係にとって本来のものである可能性の力を弱めたり、崩《くず》したりしているにちがいないのである。

ここに、宗教から宗教的なるものを解放することのひとつの局面がある。どんな活動でも、それが、障害物に備えて、理想目的のために、しかも個人的な損失の脅威《きょうい》をものともせずに、その多くの人に共通で、永遠の価値の確信《コンビクション》のために押し進められるものは質的に宗教的である。多くの人々、研究者やアーチストや慈善家や市民や、さらに質素な生活ぶりの男女は、いずれもおこがましくしたり、ひけらかしたりすることもなく、彼ら自身と自らの生存《イグジステンス》の諸条件に対する関係とのこのような統一を成し遂げている。後に残されている仕事は、彼らの精神とインスピレーションをさらに多くの人々に広げることである。

原典27－28頁

もし、私が、諸宗教や宗教一般について、手きびしいと思われるような何かを言ったとしても、私はそのことを次のような固い信念から言っているのである。

それは、諸宗教の側が、理想や、ただそれらによってだけでは、真偽のほどはわからないのだが、理想が推進されることがあると言われている超自然的な手段を独占しようとする主張というものが、自然の経験に固有の他と異なった宗教的な価値を理解《リアライゼイション》するのを邪魔《じゃま》しているというものである。

以上の理由から、他の理由はともあれ、私がこれまで形容詞の「宗教的」という言葉を頻繁《ひんぱん》に用いてきたことで、もし誰かを誤解させてしまい、その人に私の言ってきたことを、それまで諸宗教として通用してきたものの弁護のために偽装したものと思わせてしまったならば、それは残念なことである。

私が考えている宗教的な価値と宗教との対立には、橋渡しできないものがある。それらの価値を解放することが重要である、まさにその理由で、それらの価値と諸宗教の信条や儀式《カルツ》とを同一視することは廃棄されなければならない。

第２章　信仰とその対象

知性的な信念（教義）、文献＝教義上の装置

原典29頁

前章で指摘したように、どの宗教もそれ特有の知性的な信念を必要とし、しかも、――多かれ少なかれ――真理、知性的な意味での真理として、それらの教義《ドクトリン》に同意することを重視している。これらの宗教には、とりわけ神聖と思われている文献があって、それらの文献にはこれらの宗教の正当性に繋《つな》がる歴史的な資料が含まれている。また、これらの宗教は、それを受け入れることが、「信者たち」（宗教のちがいで厳密さの程度は一様ではないが）の義務となっている教義上の装置《アパレイタス》をこれまでに発展させてきた。さらに、これらの宗教は、自身が持っている真理にアクセスするのに、ある特別で、例外的な通路があるとも力説している。

思うに、誰も、現在の宗教の危機がこれらの主張と密接に関係することを否定しようとはしないのだろうか。

懐疑主義や不可知論（訳注26）はいまの流行で、それらは宗教家の立場からすると、その宗教的精神には致命的なものだが、それらは歴史的で、宇宙論的で、しかも倫理的で、神学的である知性的な内容と直接に深くかかわっていて、それらの知性的な内容は宗教的などんなことにおいても絶対不可欠であるとまで主張されている。

それでもここで、私はこれらの内容について疑惑や不信、不確実や拒否をこれまで生じさせてきた原因にまで立ち入って、これ以上細かいことに触れる必要性を感じない。

原典29－30頁

ここでは、次のようなことを指摘すれば十分である。それは、問題とされる信念や観念が歴史的で文献的な事柄を扱うにしても、また天文学や、地質学、生物学を扱うにしても、あるいは世界や人類の創造や構造を扱うにしても、それらはどれもみんな超自然的なるものに結びつけられていて、しかもこの結びつきこそが、これらの内容への疑惑をもたらした要因であり、この要因が歴史的で、制度的な宗教の立場からすると、宗教的な生活そのものを徐々に弱わらせている、ということである。

また、この場合に明らかとなる単純な事実は、次のようなことである。それは、世界や人類の起源や構造についての一部の見解や、人間の歴史や偉人《パーソネイジズ》の行動、さらには歴史上の事件についての一部の見解が、宗教と同一視されるように、これまで宗教と織り混ぜ合わされ《インターウォーヴン》てきた、ということである。

また別の面から言えば、知識やその方法とテストの増大は、これらの信念の受け入れをだんだん厄介なものにし、それどころか、大多数の教養ある男女にとっては不可能にまでしてきたのである。こうした人たちには、これらの考え方が、どの宗教の基盤《ベイシィス》や正当化に利用されたとしても、利用されればされるほど、その宗教はますます疑わしい、という結果をもたらすことになる。

プロテスタントの教派《ディノミネイションズ》は、これまで特定のキリスト教会の資料が、宇宙的で、歴史的で、しかも神学的な信念を権威的に決定できるとする考え方を大部分は捨ててきた。彼らの中では、リベラルな派であればあるほどそれだけ、次のような古い信念を、いままで緩和してきたことだけは確かである。それは、個人の心の冷酷さや堕落が、キリスト教という宗教の知性的な装置《アパレイタス》を知性的に拒絶する原因であるとする信念である。

それでも、これらの教派もやはり数の上ではとるに足らないものを別にして、知性的内容の、ある一定の絶対不可欠な最低限のものをこれまで保持してきた。彼らは、特異な宗教的力をある文献的文書やある歴史的な偉人《パーソネイジズ》がもたらしたものとしている。

原典30－31頁

彼らは、受け入れられるべき知性的内容の大部分を寛大に減《へ》らした場合でも、少なくともこれまで有神論と個人の霊魂の不滅《イモータリティ》については主張してきた。

科学と宗教の対立

科学と宗教の対立という名称で、ひとまとめにして知られている重大な事実を、ここで細部にわたって繰り返すつもりはない――対立というものは、たとえ知性的同意の最低限のものであっても、本質的なものとして規定される限りは、それを科学と神学の対立と呼んでも、取り除かれるものではない。

天文学の衝撃は、宗教の宇宙創造論に、それが古いだけに影響を与えただけでなく、歴史的な出来事を扱っている信条の要素――昇天《しょうてん》の観念を立証せよ――にも影響を与えたことでもよく知られている。地質学上の発見は、かつては重要に思えていた創造的神話にとって代わってきた。生物学は、以前は宗教的な信念や観念の中で一つの中心的な場所を占めていた、魂や心の概念に革命をもたらした。しかもこの科学は、罪や救済《リデンプション》や霊魂の不滅の観念に重大な影響を及ぼしてきた。

また人間学や歴史、さらには文献批評（訳注27）も、キリスト教という宗教がそれまで形成してきた、歴史的な出来事や偉人《パーソネイジズ》について、がらりと変わったような説明をこれまでに提供してきた。心理学は、前々から我々に対して、現象の自然な説明を、驚くくらい広げているので、かつてのそれらの超自然的な原因は、いわば、自然な説明になった。

探究や反省の新しい方法

原典31－32頁

これらすべてことが、私の目的《パーパス》にどのような重要な意味をもって関係するかと言うと、探究《インクァイアリー》や反省の新しい方法が、今日の教育を受けた人にとっては、事実や存在《イクジステンス》、さらには知的同意のすべての問題の最終的な調停者となってきている、ということなのである。この「知性的な権威の座」において、まさに一種の革命も同然のことが起こったのである。

この革命は、それが、あれこれの宗教的な信念に与えた衝撃の、どんな特定の局面よりも、むしろ中心となる事柄である。この革命においては、どの敗北も、すべて更新される探究への刺激となり、勝ちとられてきたどの勝利も、すべてさらなる発見への開かれた扉《とびら》であり、そのためにどの発見も、すべて知性の土壌に蒔《ま》かれた新しい種子で、そこから生き生きとした植物が新しい果実を伴って生長することになる。

人の心は、新しい方法と理想に慣らされている。真理にアクセスする確かな道はひとつしかない——それは、観察や実験《イクスペリメント》や記録や、さらにコントロールされた反省によって働く、辛抱強い協同的な探究《インクァイリー》の道である。

革命的な変化の限界、教会内でのファンダメンタリストとリベラル派の間に増大しているギャップ、方法の問題

ところが、こうした革命的な変化の限界は、次のような事実からもよくわかる。それは、特定の前哨《ぜんしょう》地点のようなものが降伏《こうふく》させられた場合にはいつでも、それはたいていリベラル派の神学者からのものであるが、降伏させられた特定の教義《ドクトリン》か、または想像上の歴史的あるいは文学的な信条は、やっぱり宗教的信念の本質的な部分ではなく、かえってこれがない方が、宗教のありのままの姿は、以前よりもっと明らかに見えるようになるというような発言によってうまく処理されている、というものである。

同じように重要な意味を持つのは、教会内でのファンダメンタリスト(訳注28)とリベラル派の間に増大しているギャップである。

理解されないことは——それは、おそらくリベラリル派よりもファンダメンタリストによって

の方がもっとはっきりと確かめられているにもかかわらず——次のようなことである。それは、その論点が、信念のあれこれのばらばらな**項目**《アイテムズ》に関わるのではなく、知性的な信念のどんな、どの項目もこれによって達せられ、正当化されることになる、方法の問題を中心にしているということである。

原典32-33頁

積極的な教訓

ここに、我々にとって積極的な教訓となる、次の二つのことがある。そのひとつは、宗教的な質や価値は、それらがそもそもリアルであるにしても、知性的な同意の、どんな単一な項目にも、また有神論の神の存在《イクジステンス》の項目にまで深くかかわっていないということである。

もうひとつは、これまでにあるような条件の下で、経験における宗教的効用《ファンクション》は、それらに特有の本性によって、宗教的であるとするような特別な真理の観念《ノーション》そのものと、そのような真理にアクセスするのに特異な手段があるとする考え方とを、それらを同じように放棄することを通してだけ、自由にできるということである。

教義の合理化、リベラル派の教義の定式化、正当化

その理由は、事実や真理を確かめるための方法――それは「科学的」という言葉で、それの最も一般的で、広い意味で伝えられているものであるが、――我々がそれだけしかないということを認めるならば、その場合に、知識や探究《インクァイアリー》のどの部門での発見も、宗教的であるとする信仰を少しも妨げることはないはずだからである。

私は、この信仰を包括的な理想目的への忠実さによる自己の統一として記述することになる。それらの目的は想像力が我々に提示するもので、人間の意志はそれらの目的に対して、我々の欲望や選択《チョイシズ》をコントロールするのにふさわしいものとして対応するようになる。

多分、知性的な結論に到達するためのノーマルなプロセスから、これまでに注意をそらしてきた知性的なエネルギーの総量を想像することは不可能であろう。なぜなら、そのエネルギーはこれまで歴史的宗教で維持されてきた教義《ドクトリンズ》の合理化に従事してきたからである。

こうやってこれまで一般の人《マインド》に与えられてきた傾向は、私の考えでは、信念のどれかひとつの特定の項目の結果よりも、もちろん、それらの一部を受け入れることから生じる結果も深刻であるけれども、それだけもっと有害である。

キリスト教の知性的な内容についての現代のリベラル派の説明は、それがこれまで反発されてきた初期の一部の教義よりも、現代人にはもっと合理的であるように見える。でも実情はそうなっていない。

原典33－34頁

中世の神学的哲学者たちがローマ教会のあらゆる教義に合理的な形式を与えようとしたことは、今日のリベラル派の神学者が自分が受け入れている教義を知性的に定式化し、正当化することよりも、それほど難しいものではなかった。

こうした言い方は、三位一体《トリニティー》、受肉《インカーネイション》、贖罪《アトーンメント》、秘蹟《サクラメンツ》の教義にあてはまるように、それは依然として継続している奇蹟《ミラクルズ》、懺悔《ペナンス》、免罪《インダルジェンシズ》、聖人《セインツ》、天使《エンジェルズ》などの教義にもあてはまる。

繰り返して言うが、根本的な問題は、知性的な信念のあれこれの条項にあるのではなく、知性的な習慣《ハビット》や方法、それから規準《クライテリオン》にある。

自然の領域と恩寵の領域、自然的知識と啓示、科学的経験と宗教的経験

変化した知識や方法が、宗教の知性的な内容へ与える衝撃を考慮しないで、急に向きを変えるひとつの方法は、領土や管轄《かんかつ》権を二つの部分に分ける方法である。以前は、それらは自然の領域と恩寵《おんちょう》の領域と呼ばれていた。

現在では、それらは啓示《レベレイション》と自然的知識の領域として知られることのほうが多い。おそらく、現代の宗教的リベラリズムには、前章（一〇～一三頁）で言及したように、科学的経験と宗教的経験とを分ける以外に、それらにふさわしい明確な名称がなかった。

その意味するところは、ひとつの領土では、科学的知識の支配権が認められなければならないのだが、他方でそれはそれほど正確には定義されてはいないが、そこにおいて別の方法や規準《クライテリア》が

支配する、親密で個人的な経験のもうひとつの領域がある、というものである。

しかし、こうした信念のある要素が特異ではあるが、筋の通ったものであるという主張を正当化するこの方法は、積極的な結論のようなものが、消極的な事実のようなものから引き出されているとする反論に常に晒《さら》されることになる。

これまでにもあるような無知か、あるいは進歩の遅いということが、論じられる主題の性質を分けるというようなことの実在性《イクジステンス》を主張するために利用されているのである。

原典34−35頁

しかしそれでも、このギャップは、せいぜいのところいまは現存しているが、将来的には除かれるべき限界を反映しているだけかもしれないのである。経験の一部の領域か、あるいは局面が、いままでまだ科学的方法によって「侵略される《インヴェイディド》」ことがなかったからといって、それらが科学的方法に従属しないという議論は、人に危険を与えるくらい古いものである。

それは、ある特定の遠慮がちな分野でたびたび繰り返されてきたが、その議論は有効ではなくなっている。心理学はまだ幼年期の状態のままである。親密で個人的な経験は、決して自然的知識の範囲に入ることはないと主張する人は、軽率《けいそつ》と言ってもよいほどまでに大胆である。

神秘的経験の事実と理論の区別、論点先取

しかしながら、現時点でもっと大切なことは、宗教家たちによって、一種の特別な指定保護区として主張されている領域を考えることであり、それは神秘的経験である。けれども、神秘的経験と、我々に提出されるそれについての理論との相異は注意されなければならない。

経験は、探究《インクァイアード》されるべきひとつの事実である。理論は、どんな理論も同じで、事実のひとつの解釈である。まさにその本質によって、この経験が神の直接の顕在《プレゼンス》を本物として理解《リアライゼーション》することであるという考え方は、諸々の事実を吟味することによるものではない。むしろそれは、事実の外で形成された概念のようなものを、事実の解釈のなかに持ち込むことによって起こっている。

超自然的なるもの、それは証明されるものであるが、この考え方が、それのア・プリオリな概念に依存することになると、そのことは、これから証明しようとしている問題点を真理と仮定して話を進め、巧みに論点を回避する論点先取(訳注29)である。

歴史は、多くのタイプの神秘的経験を提示している。しかも、それらの各々のタイプは、その現象が起こる文化やサークルに流行している概念によって、その時代の説明がされている。例えば、北アメリカの先住民の部族の一部に見られるように、断食《だんじき》によって誘発されて起こる神秘的な転機がある。それらには、失神状態や半ヒステリー状態が伴っている。

神秘主義、宗教的経験と宗教的経験の解釈の区別

原典35-36頁

これらの経験の目標は、ある行方不明の人を突きとめるとか、それまで秘密にされていた物体

を見つけ出すなどというような、そうした偶然《パハップス》によってある特別なパワーを獲得することである。

ヒンズー教の習慣《プラクティス》の神秘主義がある。それはいまでも西欧の国々で人気がある。新プラトン主義(訳注30)の神秘的な恍惚状態がある。それには、自己の完全な廃止《アブロゲイション》や、存在者《ビーイング》の非人格的な統一体のようなものの中への没入《アブソープション》が伴っている。激しい審美《しんび》的な経験の神秘主義がある。それは、どんな神学的なあるいは形而上学的な解釈とも関係していない。

ウィリアム・ブレイク(訳注31)の異端の神秘主義がある。また、突然の理由のない恐怖の神秘主義がある。それは、ただ足元の土台《ファンディションズ》だけが揺らぐように見えるものである――それらは、見つけられそうなタイプの、ほんの僅《わず》かなことに言及したにすぎない。

これらの間には、何かの共通の要素があるのだろうか。例えば、人間的な欲求や条件からまったく離れた、超－神的存在者《スーパーディバインビーイング》の新プラトン主義の概念と、秘蹟《サクラメンツ》への関心や、あるいはイエスの心情に集中することを通して抱《いだ》かされる直接的な結合というような中世の理論との間に何か共通点があるのだろうか。

一部のプロテスタントの神学者が、宗教的経験の中に見つけたものとして、神との内的で、個人的な霊的交わり《コミューニョン》の感覚を現代的に強調することは、そのことが新プラトン主義や、あるいはヨーガと異なっているのと同じで、ほとんど中世のキリスト教とも異なっている。

諸々の経験の解釈は、そうした利用できそうな、科学的な工夫の助けになるものを身につけた経験そのものから生じてきたわけではない。経験の解釈は、周囲の文化で一般に通用している観念を批判せずに借りてくることで、それまで導入されてきたのである。

原典36－37頁

信仰復興運動家の一部のセクト

ざっくばらんに言って、シャーマンと一部の北アメリカの先住民の神秘的状態は、ある種の特別なパワーを獲得するためのテクニックである——このパワーは、実際には信仰復興運動家《リバイバリスト》(訳注32)の一部のセクト(訳注33)によって考えられたものである。

そこには、この経験と同時に起こるような特殊で知性的な対象化は何もない。その獲得されたと言われる知識は、存在者についてのものではなく、特定の秘密や操作のオカルト・モードについてのものである。

その狙《ねら》いは、超越的な神的《ディバイン》パワーの知識を獲得することではなくて、アドバイスや病人の治療法や名声などを得ることにある。神秘的経験、それは、我々がそれによって神や神的なものの知識を、場合によっては自分のものにすることがある、宗教的経験の一種のノーマル・モードであるという概念性は、宗教の護教者の古い方法が衰退《すいたい》するのに比例して、これまでその流行を獲得してきた十九世紀のような解釈である。

神秘的と呼ばれる、諸経験のその実在性《イクジステンス》を否定する理由はひとつもない。反対に、かなりの程度の強さで、それらが頻繁《ひんぱん》に発生するので、それらは経験の動きの中である一定のリズムのあるポイントで起こる、正常な顕現《マニフェステイションズ》と見なされてもかまわないと考える理由は十分にある。

でも、こうした顕現の客観的内容について、特定の解釈のようなものを否定するのは、この否定をする人たちがこれまで問題の経験をしなかっただけであり、もし彼らがその経験をしたならば、同じように神の面前《プレゼンス》で経験の客観的資源を確信するだろうことを証明していると、頭から決めてかかるのは、それは少しも事実に基づくものではない。

どの経験的現象の場合も同じで、神秘的と呼ばれる状態の出来事は、単にそれぞれの因果関係のモードに向けての探究《インクァイアリー》のための機会のようなものでしかない。

原典37－38頁

その経験そのものを、それの原因についての直接的な知識のようなものに転換するのに理由がないのは、稲妻《いなずま》の経験でもまたは他のどのような自然の出来事の場合でも同様である。

二つの異なった領域、二元論の循環的な性格

そういうことで、私が、このように短いながらも、神秘主義を話題にした意図《パーパス》は、神秘的と呼ばれる特定の経験のその実在性《イクジステンス》に疑いを投げかけることではない。また、それらの経験を説明するために、何かの理論を提起することでもない。

私が、こうした問題に言及したのは、次のような二つの異なった領域に印をつけるために、その大まかの傾向をただ実例のようなものとして示すためだけである。ひとつは科学が管轄権《かんかつ》をもっているが、他方では、宗教的諸対象についての直接的な知識の特別なモードが、権威《けんい》をもっ

ている。

こうした二元論は、神秘的経験の現代的な解釈においては、ある信念を妥当なものにするために運用されているけれども、それは、現時点での文化的条件に、もっとよく適合《アダプティド》する言葉で、自然的なるものと超自然的なるものとの古い二元論を復権させたようなものにすぎない。

科学が異論を唱えているのは、この超自然的なるものの概念なので、このタイプの推論の循環《サーキュラー》的な性質（訳注34）は明らかである。

宗教の護教者は、科学的な観念や題材で続いている変遷《へんせん》を、知識のひとつのモードとしての科学の信頼できないことの証拠《エビデンス》のように指摘することが多い。彼らは、現代の人々の間で科学に起こっている基礎物理学の概念性の、それは大きな革命に匹敵《ひってき》する変化だが、しばしばそれに異様なくらい大喜びしているように見える。

しかし、たとえ信頼できないと言うことが、彼らが想定するのと同じくらい大きいとしても（あるいはたとえそれ以上であったとしても）、我々は知識の他に、何か頼《たの》みとするものをもっているだろうか、という疑問はどうしてもそのままである。

科学の方法と「教義」

そんなことより、実際に彼らは重大なポイントを見落としている。科学は何か特定の主題群によって構成されているのではない。

原典38-39頁

科学は、いわば、一種の方法であり、それは、信念に到達することはもちろんのこと、テストされた探究《インクァイァリー》を用いて信念を変える方法というものによってもまた構成されている。その方法が改良されることで、科学の主題が発展するということは、科学にとっては名誉なことであって、科学を非難する理由にはならない。

そこには、特別で、神聖にして侵《おか》すことのできないような信念の主題はひとつもない。科学を信念や観念の特定のセットのようなものと同一視することは、それ自体が古代の遺物のようなものになるため、それはやはりその時の思考《ソート》のドグマ的習慣《ハビット》である。この習慣は、その現実性においては科学に反するものなので、科学はいつの間にかその基礎の部分をだめにしている。

その理由は、仮に我々が、「教義《ドクトリン》」を、それが通常に意味するように――真理として教えられ、習得されるためにだけに必要とされるような、明確な信念の一群と理解するならば、科学的方法は、ドグマばかりでなく、教義《ドクトリン》にとっても不都合になるからである。

教義に対してのこのような科学の否定的な態度《アティチュード》は、真理への無関心を示しているのではない。この態度は、それによって真理が達成されているとされるその方法への最大限の忠誠を意味しているだけである。

科学と宗教の対立（知性の方法と教義上の方法）

この科学と宗教の対立は、結局のところ、この方法への忠実さと、あらかじめ固定されているので、それは決して変更できず、減らすことさえできない最小限の信念への忠実さとの間の対立のようなものである。知性の方法は、開かれていて公的である。教義上の方法は、限界づけられていて私的である。

この制限は、宗教的である真理の知識が「宗教的」と呼ばれる、経験の特別なモードのようなものによって到達したと言われるような場合でも続いている。というのは、後者はきわめて特別な種類の経験であると頭から決め込まれているからである。

確かに、それはある一定の条件に従うすべての人々にとってはオープンあるとは主張されている。

原典39－40頁

神秘的経験、循環

それでも、我々がこれまで見てきたように、神秘的経験は、それを経験する人々の周囲の文化に依存しながらも、それぞれの人に信念としてさまざまな結果をもたらしている。方法のようなものとしては、それは、知性の方法に属しているような公的な性格を欠いているところがある。

それに、問題の経験が、真偽のほどはわからないが、それが実在すると言われるような意味で、神の顕在《プレゼンス》の意識をもたらさない場合に、いつも言い返すことは手元にあって、それは、その経験は、純粋な宗教的経験ではない、というものである。

その理由は、それは当然のことであるが、あくまでもこの特定の結果に到達する経験だけが宗教的**である**からである。この議論は、循環《サーキュラー》(訳注35)である。

伝統的な立場は、一部の心の固さか、さもなければ堕落がその人がこの経験をできないようにしている(訳注36)、というものである。リベラル派の宗教家たちは、いまはもっと人情味があるが、それでも彼らの論理はそれらと異なるものではない。

シンボル、先験的なリアリティ

宗教的な問題についての信念は、例えば儀式やセレモニーのようで、シンボリックであると主張されることもある。この見方は、それらの信念の客観的妥当性に文字通り固執《こしつ》する見方に比べれば、それはひとつの進歩であるかもしれない。

ところが、それはいつも先に進むと、次のような曖昧さに悩まされる。それは、これらの信念が、何のシンボルなのか。それらは、宗教的であると、はっきり区別されたもの以外のモードで経験されたもののシンボルなのか、それだからこそ、このシンボル化されたものは、容易に他の影響を受けない、ひとつの地位《スタンディング》をもつようになる。

そうでなければ、それらの信念は、ある**先験的**《トランセンデンタル》なリアリティを象徴する意味でのシンボルなのか——先験的、それは一般的には経験の主題にならないという理由からである。

ファンダメンタリストまで、宗教的信念の諸対象に、後者の意味でのシンボリズムの、ある程度の質や段階を認めている。というのは、ファンダメンタリストは、これらの信念の諸対象が有限な人間の能力《カパシティ》を超えているので、我々の信念は多かれ少なかれ比喩的な言葉で表現されなければならない、と考えているところがあるからである。

原典40－41頁

道徳やその他の理想価値のシンボル、目的の具現化、目的のリアリティのシンボル

信仰が、我々の現在の状態において、知識の代わりとして最もよく利用できるという概念性は、相変わらず信仰の題材のシンボル的な性格の観念《ノーション》には付着している。ただし、そう言えるのは、シンボル的な性質のようなものを信仰の題材《マティアリアルズ》によって生じたものとみなすことによって、我々が、これらの題材は一般に公開される経験で証明可能な何かを象徴している、と本気で言わなければのことである。

もし、我々が後半の見方をするならば、信条の知性的な条項は、道徳やその他の理想価値のシンボルであると理解されなければならない、ということが明らかになるばかりでなく、歴史的に扱われ、しかも知性的条項の具体的な証拠《エビデンス》として使われた諸事実も、それ自体シンボリックである、ということも明らかになってくるだろう。

これらの信条の条項は、最もよい状態で、道徳的理想を達成するために理想化する想像力によって別のものに作り直されてきた出来事や人物を表している。歴史上の偉人《パーソネイジズ》たちは、彼ら

の神《ディバイン》的属性においては、献身を募《つの》ったり、努力を喚起《かんき》したりする目的の具体化である。

彼らは、数多くの経験のあり方で、我々を動かしている目的の、このリアリティのシンボルである。こうしてシンボル化された理想価値は、このほかに科学や芸術における人間的な経験と、人間のさまざまなアソシエーションのモードも特徴づけている。つまり、それらは、それらが実在するように条件を巧みに操作するレベルから生まれる、人生のあらゆるものを特徴づけていると言ってもいいくらいである。

宗教の諸対象が、我々の現在の状態とは対照的に、理想的であるということは認められる。もし、それらがまさに理想的であるという理由で、行いに対し権威的な主張があることも、それらに同じように認められるにしても、そのことで何かが失われるのだろうか。

これらの宗教の諸対象が、存在者《ビーイング》のある領域に前々から実在するという前提は、それらの力には何も付け加えないように思える。しかしその一方で、こうした前提は、それが、その主張を知性的に疑わしい事柄に基づかせている限り、我々に対して理想としての自らの主張を弱めることになっている。

原典41－42頁

この問題を突き詰めていくと、次のような問いが出てくる。それは、我々を動かしている理想は、純粋に理想的なのか、それとも、それらは、あくまでも我々の現在の状態と対照的に理想的なのか、という問いである。

「神」という言葉

この問題の重要性はさらに広がる。それは「神」という言葉に与えられる意味を確定することである。ある理由で、この言葉は特定の存在者《ビーイング》のようなものだけを意味していることがある。また別の理由で、この言葉は、我々を刺激して願望や活動を駆りたてる理想目的をひとつ残らず統一することも示している。

このように、この統一が、我々の態度《アティチュード》や行いに対して、主張のようなものをもつのは、我々から離れてすでに実現された実在物《イクジステンス》にあることを理由にしてなのか、それともそれ自身の本来の意味や価値を理由にしてなのだろうか。

差し当たって、この「神」という言葉を、ある所定の時間と場所で、人間が、自らの意志作用《ヴォリション》や情緒《イモーション》に対して権威があると認めるような理想目的を意味しているとして、それらの目的が想像力を通じて統一をもつようになるまで、人間が最高にそれに打ちこむようになる価値を意味する、と仮定してみたらどうだろうか。

もし我々がこのような仮定をした場合には、「神」は前もって存在しているような、いわば、何かの存在者ということになり、その結果、非‐理想的な実在物《イクジステンス》を示しているとする宗教の教義《ドクトリン》とは対照的となり、この問題の核心ははっきりと浮き出てくるようになる。

「非‐理想的」という言葉、ユダヤ教とキリスト教＝道徳的でスピリチュアルな性格

「非‐理想的」という言葉は、これまで歴史的に実在した一部の宗教に関して、いやそれどころか、それらが、それらの神的存在者《ディバインビーイングズ》の中にある道徳的な質を無視する限りは、それらの宗教の全部に関してそっくりそのまま受けとめられるべきである。

それでも、この言葉は、ユダヤ教とキリスト教には**そのまま**同じようには当てはまるわけではない。なぜなら、それらの宗教は、最高の存在者《ビーイング》が道徳的でスピリチュアルな属性をもっている、と主張しているところがあるからである。

原典42‐43頁

しかし、それでもなお、この「非‐理想的」という言葉は、これらの宗教にも当てはまる。それは、これらの道徳的でスピリチュアルな性格が、ある特定の実在物《イクジステンス》の特性として考えられ、そのような実在物に具現化されたものとされているために、我々にとって宗教的価値があると考えられるからである。

ここに、私が見る限り、**ひとつの**宗教と、経験の効用《ファンクション》のようなものとしての宗教的なるものとの相異に関しての究極的な問題点がある。

理想目的のリアリティ、想像力＝機関

「神」とは、想像力が行いに付随《スーパーヴィン》して起こる場合に、本質的にその正体が想像的である、理想価

値を統一するようなものを表現している、と考えることには、我々がファンタジーや疑わしいリアリティを意味するのに、「想像力」という言葉を頻繁《ひんぱん》に使用しているので、その結果として言語上の困難さが伴うことになる。

それでも、理想としての理想目的のリアリティは、活動では否定しようがない、それ自体のパワーによって証明されている。理想は幻想《イリュージョン》のようなものではない。なぜなら、想像力は理想がそれを介して把握される機関《オーガン》だからである。

というのは、すべての可能性はその想像力を介して我々に届くからである。この限定された意味において、「想像力」という言葉に課せられている唯一の意味は、実際には実現されていないものが、我々の胸にしみじみと迫り、我々の目を覚まさせるパワーをもつということにある。

想像力を介してもたらされる統一は、空想のものではない。というのは、それは、実践的《プラクティカル》で情緒的な態度《イモーショナルアティチュード》の統一の反映だからである。この統一が意味しているのは、単一の存在者《ビーイング》のようなものはなく、多くの目的が、理想的または想像的な質のパワーにおいて、我々の日を覚まし、我々を支えるために、ひとつになるという事実によって呼び起こされる忠誠や努力の統一である。

原典43－44頁

理想的な質、実体化

そこで、我々は次のように訊《き》いてもよいのではないだろうか。それは、伝統的な神の概念が人生においてもっているパワーや意義は、それらの概念が引き合わす、理想的な質によらないものなのかどうか。またそれらの理想的な質を、ある種の現存している存在《ビーイング》に実体化することは、これまでに過去の文化で普及してきた信念を使って、願望の対象を先行のリアリティ（前章の二〇～二二頁で言及したような）へと転換する人間的本性の傾向が合流することによるものなのかどうか、という問いである。

理想的なるものと物理的なるものと結合（分離）、経験の宗教的価値、理想目的や価値のリアリティ

というのは、昔から多くの文化では、超自然的なるものの観念は、「自然的」が慣習的で馴染み深いものを示す意味で、「自然的」であったからである。

宗教的な人たちは、理想価値が自らにアピールするそのリアリティによって、これまでサポートされ慰《なぐさ》められてきたが、そのことは、彼らがまったくの無味乾燥な実在物《マターオブファクトイクジステンス》によって支えられてきたということよりは、確かなことであるように思えてくる。

人間は、一度でも理想的なるものと物理的なるものとの結合の観念に慣らされると、この二つは、情緒《イモーション》で緊密に結びつけられるようになり、その結果分離することが難しくなる。そうしたことは、我々が人間性心理学について知っているすべてのことと一致している。

しかしながら、この分離から生まれることになる恩恵《おんけい》は、誰の目にも明らかである。これを外すことは、それ以上に懐疑的にばかりしている問題から、最終的に経験の宗教的価値を自由にす

る。これを外すことによって、護教者たちに頼《たよ》る必要性から解放される。

理想目的や価値のリアリティは、それらが我々に対して権威を持っているというのは、疑いようのない事実である。正義や愛情の正当性、さらに我々の観念の、我々が真理と呼ぶリアリティとの、その知性的な対応の正当性は、それが人間性を保持することがあまりにも確実なので、その正当性そのものをドグマや教義《ドクトリン》の装置《アパレイタス》で煩《わずら》わすようなことは、宗教的態度《アティチュード》には不必要なことである。

それは、その他のどの宗教的態度の概念性も、それが十分に分析されると、それを保持する人々は、結果として、理想価値というよりはむしろ影響力《フォース》を気にかけているからである——その理由は、実在者《イグジスタンス》が付け加えることができるものは、そのひとつ残らずが、何かを確立したり、罰したり、また報いたりする力になるからである。

原典44－45頁

物理的な力、パワーという制裁

なるほど、一部の人たちの中には、彼ら自身の信仰には、道徳的価値が物理的な力によって支えられているとする、保証となるものは必要がない、とざっくばらんに言う人々もいる。ところがその一方で、大衆は、あまりに遅れているので、俗説では、それらの価値に、それらを強制でき、従わなかった人々に正義《ジャスティス》を執行《しっこう》できるパワーという制裁がなければ、これらの理想価値は彼らの行いにどうしても影響を与えないものだ、と主張する人々もいる。

あらゆる証拠の探求、悪の実際性のあらゆる問題、悪の発生の問題

他の人たちの中にはもっと尊敬に値する人たちがいる。彼らは次のように言っている。「我々は、最初の部分では、理想が最優先されなければならないことには同意する。だが、なぜこの場所で止まるのか。なぜ最大限の熱意と活力をもって、我々が見つけられるあらゆる証拠《エビデンス》を探求しないのか。それらの証拠とは、例えば歴史によって、また自然におけるデザインの顕在《プレゼンス》によって与えられているようなもので、それらは、客観的実在性《イクジステンス》をもつあるパーソナリティにその理想がすでに現存している、という信念をもたらすかもしれないものである」

この問いに対するひとつの解答として、次のようなものがある。それは、この探求《サーチ》によって、我々は悪の実際性《イクジステンス》のあらゆる問題に巻き込まれることになるというものである。この問題は、従来から神学につきまとってきたが、最も利口な護教者もこれまで直視せず、まして対応もしてこなかった。

もしこれらの護教者たちが、理想的善さの実在性を、それらを引き起こし、サポートすると推測されるある人格――その上、全能のパワーが付与されているある存在者《ビーイング》――のものと同一視しなかったならば、この悪の発生の問題はいわれのないことであっただろう。

それどころか、理想目的や意味の重要性は、次のような事実と密接に結びついている。それは、人生にはあらゆる種類ものが我々にとって悪となるものがあって、それは我々がそうでないよう

にするためにある、という事実である。
これまでにあるような条件が、そもそも善いのであれば、実現されるべき可能性の観念《ノーション》は決して出てこないであろう。

原典46頁

探求と探究、外部のパワーに依存することは、人間的な努力を放棄することのカウンターパートである。善さの至福千年

それより、もっと根本的な解答として、次のようなものがある。それは、もしこの探求《サーチ》が厳密に経験的なものを基盤《ベイシィス》にして行われるのであれば、その探求が行われないほうがいいとする理由は何もないのに、実際のところは、その探求はいつも超自然的なるもののために始められる、というものである。

このようにして、この探求は、理想価値やそれによってそれらが促進《そくしん》されそうな現実的な条件の探究《エクスプロレイション》から、注意やエネルギーを逸《そ》らすのである。歴史がこの事実を証明している。人間は、この世で善さを進めるために所有しているパワーをこれまで決して十分には使用してこなかった。それは、彼らは、自分たちが実行する責任がある仕事をするために、彼ら自身と自然の外部にこれまで何かのパワーを期待していたからである。

外部のパワーへの依存性は、人間的な努力を放棄することのカウンターパートである。善さのために我々自身のパワーを働かすことを強調することは、エゴイズムでもなければ、センチメンタルに、楽天的に頼《たよ》ることでもない。それがエゴイズムではないというのは、それが個人的にも集団的にも、人間を自然から孤立させていないからである。

またそれがセンチメンタルに、楽天的に頼ることでもないというのは、それは人間的な努力のために必要と責任以外に何も前提せず、また、もし人間的な願望や努力が自然的な目的のために動員されるならば、諸条件は改善されるであろう、という確信《コンビクション》以外に何も前提することもないからである。それは、善さの至福千年《ミレニアム》(訳注37)の期待を少しも含んでいない。

キリスト教のドグマ、悲観主義から楽天主義へ、ロマンティックな楽天主義＝キリスト教

原典46－47頁

理想を把握するためと実践的《プラクティカル》にそれを取り付けることのために、必要なパワーとして超自然的なるものを用いる信念には、そのカウンターパートとして、自然的手段の崩壊《ほうかい》や無力感となった悲観的な信念のようなものがある。このことはキリスト教のドグマでは公理のようなものとなっている。

それでも、この見せかけの悲観主義には、誇張された楽天主義へと突如《とつじょ》として変わるやり方がある。

というのは、キリスト教のこの教義の言い方によれば、もし超自然的なるものを用いる信仰が、必要とされる程度であれば、再生《リジェネレイション》がすぐに起こるからである。したがって、善性は本質的には確立されている。もしそうでなければ、確立された超自然的なるものとの関係が価値を損《そこ》なうという証明になってしまうからである。

このロマンティックな楽天主義は、いかにもキリスト教らしい伝統的な特徴で、個人の救済《サルベイション》へ過度に注意を向ける理由のひとつである。

改宗によって突然に起こるこの上もない変質や祈りの客観的効力を用いる信念は、困難な状態のあまりにも安易な解決法である。それは、大部分の問題をほとんどそれが以前あったようにそのままにしておいて、つまり、それがやはり悪いままであると、その結果として、あくまでも超自然的な援助だけがそれらをもっとよくできる、という考え方と引き換えにしてサポートが付加されることになる。

自然的知性の立場、善さと悪の混合物、善さの方向への再構造化

自然的知性の立場は、次のようなものである。それは、実際にあるのは善さと悪の**混合物**《ミックスチャー》のようなもので、理想目的によって指示された、善さの方向への再構造化は、そもそも起こるにしても、それは絶えざる協同の努力によって起こらなければならない、というものである。とにかく、正義《ジャスティス》や親切や秩序へ向かうのに十分な衝動があるので、その結果、もしその衝動が、急で、完全な変貌《へんぼう》が起こることを期待することなく、活動のために動員されるならば、実際にあるような無秩序や残酷さや圧迫は減《へ》らされるであろう。

反論の誤解（理想と存在物との分離の状態）

この議論は、私がとっている立場に対して、もっと根本的な反論のようなものが検討されなければならないようなところにまで到達した。

まずは、この反論がもとにしている誤解をできる限り指摘することにする。それは、これまで私が推し進めてきた見解が、神的《ディバイン》なるものを理想目的と同一視することで、まるで理想には現存しているようなルーツがまったくなく、実在物《イクジステンス》からのサポートがないとされる状態のままにしておくかのように取り扱われることもあったということである。

原典47－48頁

この反論は、私の見解が人をこのような理想と存在物《イクジステント》との分離の状態に縛りつけているので、理想には、もしかすると生長して果実を結ぶことができるかもしれないような種子のようなものとしての足がかりでさえ見つけるチャンスがない、というような意味を含んでいる。

私の批判（理想と特定の存在者の同一視）、経験のクライマックスな瞬間、理想目的

とんでもない、私がこれまで批判してきたのは、このことではなく、理想をある特定の存在者《ビーイング》と**同一視すること**である。それは、とりわけこの同一視が、この存在者が自然の外にあるという結論を必然的に生じさせる場合のことである。それに対し、私が示そうとしたのは、理想それ自身がそのルーツを自然的条件の中にもっており、理想は、想像力が思考《ソート》や活動に対して差し出された可能性を掴《つか》むことによって、実在物を理想化する場合に現われてくる、ということである。自然的な基準《ベイシィス》で、現実に理解される、価値、善さがある——具体的には、人間的なアソシエーションや技巧《アート》と知識の善さである。この理想化する想像力は、経験のクライマックスな瞬間に見いだされる最も貴重なものを捉《とら》えて、その後でそれらを投影する。

我々は、それらの善性のために、何ら外的な規準《クライテリオン》や保証となるものを必要としない。それらは、経験され、善さとして実在し、それらから、我々は自分自身の理想目的を組み立てる。

その上、この経験された善さを思考《ソート》や願望や努力の対象へと、我々が投影する結果として生じる目的が実在し、それらはあくまでも目的**として**実在するだけである。諸々の目的や目標《パーパス》は、人間の行いにおいて決定的なパワーを発揮することになる。

フローレンス・ナイチンゲール(訳注38)、ハワード(訳注39)、ウイルバーフォース(訳注40)、ピーボディ(訳注41)など、慈善家たちの 志《こころざ》しは無駄な夢ではなかった。彼らはこれまで諸々の制度を変えてきた。こうした多くの志しや理想は単に「心」の中にだけ実在するのではなく、それらは性格やパーソナリティと活動となって存在するようになる。

人は誰でも、目標《パーパスィズ》が**効力のある**やり方で存在することを示すために、アーチスト、知性的な研究者、両親、友だち、隣人である市民の名前を呼ぶことになる。

原典49頁

繰り返すが、私がこれまでに反対してきたのは、理想が実在物《イクジステンス》に繋《つな》がれていて、それらが、人間によって具現化されたものを介して、諸々の力としてそれら自身で存在する、というような考え方にではない。反対してきたのは、理想の権威や価値がある先行する完全に具現化されたものに依存している、という考え方に対してである——それは、あたかも正義、あるいは知識、美のための人類の苦労が、それらの効果性や妥当性と引き換えに、次のような確信《アシュアランス》に依存しているかのような考え方に対してである。その確信とは、犯罪者が慈悲《じひ》深く扱われ、農奴や奴隷もなく、また事実や真理が、すでにひとつ残らず発見され、所有されていて、あらゆる美が永遠に現実化されている形式で表示されているそのような場所がある至上の領域に前々から実在していたというものである。

我々を動かすような志《こころざし》や理想は、想像力を通して生み出される。しかし、それらは想像上の素材からは形成されない。それらは、物理的で社会的な経験という世界の堅い素材から形成される。

蒸気機関車はスティーブンソン以前には存在しなかった。電信機もモールスの時代以前にはなかった。ところが、それらを実在物にするための条件は、物理的な原料《マティリアル》とエネルギーや人間の潜在能力《カパシティ》となって、そこにあった。想像力が、新しい対象を発展させようとして、現存している諸事物の再配置《リアレンジメント》の観念を掴《つか》んだのである。同じことは、画家、ミュージシャン、詩人、慈善家、道徳的預言者についても当てはまる。(訳注42)

この新しいヴィジョンは何もないところから生まれるものではない。それは、可能性すなわち想像力の問題として、古い諸事物を新しい諸関係で見ることを通して現れ出る。それらの新しい関係は、新しい目的がそれを創造するのを手伝うようなある新しい目的《エンズ》に対応している。

原典49－50頁

創造のプロセス、相互性

その上、この創造のプロセスは、実験的《イクスペリメンタル》であり、途切《とぎ》れることはない。アーチストや科学者、あるいは善良な市民は、他の人たちが彼より前にこれまでにやってきたことや、彼の周囲でやっていることをよりどころにしている。

理解されるべき目的となる新しい価値の感覚は、最初はぼんやりしていて、はっきりしない形で生じている。これらの価値が、じっくりと考えられ、活動に移されたたとき、それらの明確性や一貫性が深まる。狙《ねら》いと現存している条件との相互性《インターアクション》は、この理想的なるものを改良し、テストする。すると同時に、諸条件は修正される。

理想はそれらが現存する条件に合うように変化する。このプロセスは、人間性の生活とともに持続し、しかも前進する。一人の人間や一つのグループが成し遂げることは、それらを継承した人たちが出発する基盤《グラウンド》や出発点になる。

この自然なプロセスの中にある、活力のある諸要因が、情緒《イモーション》や思考《ソート》や活動に全般的に認められるようなとき、このプロセスは、結果的に超自然的なるものの観念になってしまうような、そのような的はずれな要素を削除することによって、促進も、純化もされるだろう。この活力ある諸要因が超自然的な宗教にこれまでに召集《しょうしゅう》されてきたような、宗教的な力に達したとき、この結果から生ずる補強《リーインフォースメント》は、測り知れないものになるであろう。

神の観念、神的なものの観念、理想的可能性

これらの考察は神の観念に適用されてもかまわない。でなければ、誤解を招くよう概念を避けて、神的《ディバイン》なものの観念に適用されてもかまわない。この観念は、私がこれまで言ってきたように、想像的な実感《リアリゼイション》や投影を介して統一された理想的可能性のひとつである。

それでも、神、でなければ神的なるものの、この観念は、このほかにこの理想的なるものの成長を促進《そくしん》し、それの現実化を進めるようなあらゆる自然的な力や条件にも——それは人間や人間的なアソシエーションを含んでいるが——結びつけられている。

原典50-51頁

我々は、すでに現存するような完全に具現化された理想の前《プレゼンス》にもいなければ、まったく根拠のない理想、ファンタジー、ユートピアの理想の前にもいない。というのは、理想を生じさせ、サポートする力は自然や社会の中にあるからである。それらの力は、それらに一貫性や実質的なものを与える活動によって、さらに深く統一される。

私が「神」という名称を与えようとしたのは、この理想と現実との**能動的な**関係である。私はこの名称が与えられ**なければならない**ということを主張しようとしたのではない。この専門用語

の超自然的なるものから連想されることは、あまりに数が多くて、しかも身近であるために、「神」という言葉の使用を少しでもしようものなら、結果として必ず誤解を生じさせ、伝統的な観念の特権として受け取られてしまう、と主張している人たちもいる。

理想目的の現実的な諸条件との結合のようなものの、明確で激しい概念には、安定した情緒を引き起こす能力がある

この見解に関しては、彼らは正しいかもしれない。それでも、私がこれまで言ってきた事実がそこにあり、それらは可能な限りの明確さと力で明らかにされる必要がある。

そこには、具体的で、しかも実験的《イクスペリメンタリィ》にではあるが、諸々の善さが実在するからである――それらは、すべてにおいてそれ自身の表現形式をとった技巧《アート》の価値や、知識の価値や努力と努力した後の休息の価値や、教育と仲間意識の価値や、友愛と恋愛の価値や、心と体の成長という価値である。

それらの善さは、そこにあるにもかかわらず、相対的には胚《エンブリオニック》のようなものである。数多くの人たちが好きにそれらに参加することからは閉め出されている。それは、それらの広がりを妨《さまた》げるだけでなく、現存する善さを脅《おびや》かし、弱める力も働いているからである。

理想目的の現実的な諸条件との結合のようなものの、明確で激しい概念には、安定した情緒《イモーション》を引き起こす能力がある。それは、たとえその題材《マティアリアル》がどのようなものであっても、ありとあらゆる経験によって供給されてもかまわないものである。

原典51－52頁

理想目的の現実的な条件との結合の効用、スピリチュアル、神秘的経験、神秘主義、結合＝結合すること

混乱したような時代には、このような考え方の必要性は差《さ》し迫《せま》っている。この考え方は現在分散されている諸々の関心やエネルギーを統一することができるが、それはまた活動を指導し、情緒の興奮や知性の光を生じさせることもできる。人がこのような思考《ソート》と活動のうちで作用している結合に、「神」という名称を与えるかどうかは、個々人の決断の問題である。

ところが、そのように働いている、理想目的の現実《アクティアル》との結合の効用《ファンクション》は、一種のスピリチュアルな内容をもつどの宗教にも、それまで神の概念に実際にあると認められてきた力と同じもののように、私には思えてくる。そのためにこのような効用のわかりやすい考え方というようなものが、今日の時代、緊急に必要とされるようにも思える。

一部の人たちにあっては、この結合の感覚は、最も広義に「神秘的」という言葉を使用する神秘的経験によって推進されることがある。この結果は主に気質に依存している。

しかし、神秘主義から連想される結合と、私が考えている結合との間には、著《いちじる》しい相異がある。後者については、何も神秘的なものはない。それは、自然でしかも道徳的である。そのよう

な結合の知覚か、あるいは意識に関しては、神秘的なものは少しもない。

現実の諸条件の核心に関連するような理想目的という特徴を持つ想像力は、訓練された心というようなものの結実を代表している。

なるほど、神秘的経験に頼《たよ》ることは、一種の逃避であり、その結果は、現実と理想の結合がすでにもう達成されているという受動的な感情となる危険まである。だが、実際にはこの結合は、能動的でしかも実践的《プラクティカル》である。それは、**結合すること**であり、与えられるものではない。

「神」という言葉を使用する理由、攻撃的な無神論や超自然主義＝自然への畏敬の念の欠如

原典52－53頁

これまでに述べてきたように、理想的なるものと現実とが結合することを示すのに、「神」という言葉を使用することが適当であると、私なりに考える理由のひとつは、次のような現実《ファクト》である。それは、私には、攻撃的な無神論が、伝統的な超自然主義と何か共通のものをもっているように思えることである。

前者のような攻撃的な無神論は、主に否定的であるために、思考《ソート》に積極的な方向性を与えることに失敗している。もっとも確かにその事実は時宜にかなったものもあるが、私はそういうことだけを単に言おうとしているだけではない。

特に、私の念頭にあるのは、戦闘的な無神論と超自然主義の双方の人間を孤立させること、そ

れだけに気をとられている問題である。というのも、超自然主義がいくら自然を超えているものに言及しようとも、それはこの地球を宇宙の道徳的な中心と考え、人間を諸事物の全図式《スキーム》の頂点として考えているからである。

超自然主義は、人間の孤立した寂《さび》しい魂の内側で演じられる罪と救済《リデンプション》のドラマを、究極的な重要性のひとつとみなしている。人間から離れて、自然は呪われたものであるか、無視してよいものかのどちらかと考えられている。

戦闘的な無神論も、また自然への畏敬の念《パイアティ》の欠如に冒《おか》されている。詩人たちがいつも褒《ほ》め讃《たた》えてきた自然に人間を結びつける絆《きずな》は、軽々しく見すごされている。この態度は、多くの場合、人がどうでもよい敵の世界に住んでいながら、無視の爆風《ばくふう》をあびせるようなものである。

宗教的態度、「神的なもの」＝向上心の言葉、人間主義的な宗教＝僭越なもの

しかしながら、宗教的態度《アティチュード》は、依存性とサポートの二通りのやり方で、想像力がそれを一種の宇宙と感じる包み込む世界との結びつきの感覚を必要としている。

「神」そうでなければ「神的なもの《ディバイン》」という言葉を、現実と理想との結合を伝えるために使用することで、それが孤立の感覚やその結果生じる絶望あるいは無視から人間を守ることがよくある。どんな場合でも、この名称がたとえ何であっても、その意味するところは選択的《セレクティヴ》である。というのは、この名称は一般の何もかもという種々雑多《しゅじゅざった》な崇拝《ワーシップ》を意味しているわけでは決してないからである。それは、努力するための目的として、我々に善さの観念を生じさせ、サポートするようなこれらの現存する諸要素を選択《セレクト》している。それはいつでもこの効用《ファンクション》とは無関係な多くの力を排除する。

原典53 - 54頁

自然は、補強《リーインフォースメント》や方向性を与えるものを何でも生み出すが、そのほかに不和や混乱を引き起こすものも生み出す。そんなわけで、「神的なもの」は人間的な選択《チョイス》と向上心の言葉である。人間主義的な宗教というものは、もしそれが我々の自然との関係を排除するならば、顔色の悪い薄いものとなる。同じように、それは、それが人間性を崇拝の対象として取り上げた場合に、僭越《せんえつ》なものとなる。

マシュー・アーノルドの「我々人間のものでない力」、外的なエホバの回想

マシュー・アーノルド(訳注43)の「我々人間のものでない力」という概念は、それが作用し、他を頼りとしない自主的な諸条件との関係で言えば、あまりに狭すぎる。それは、選択的《セレクティブ》であるが、それを選択《セレクション》することとの根拠《ベイシィス》が――正義というのは、あまりに狭い。そのため、この概念は、二つの方向に広げられる必要がある。

経験されたもので、理想としての善さを生じさせ、サポートするようなパワーは、外部と同じように**内部でも**働いている。

アーノルドの陳述《ちんじゅつ》には、外的なエホバの回想というものがあるように思える。しかも、このパワーは、正義以外の他の価値や理想を押しつけるために働いている。アーノルドのヘレニズムとヘブライズムとの対立の感覚は、パワーが内部と外部でそれに向かって働く結果のリストから、結局は美や真理や友愛を排除することになってしまっている。

最近の科学と古い二元論、人間と物理的な自然、メカニカル、古典的タイプのメカニカリズム、メカニズム

原典54－55頁

自然と人間的な目的や努力との関係では、最近の科学はそれだけいっそう古い二元論を解体してきた。科学は三世紀の間これまでこの課題に従事してきた。

それよりも、科学の概念が厳密《げんみつ》にメカニカル（それは、別々の事物が単に外的に押したり、引いたりして、互いに作用すると仮定する意味においてメカニカルである）である間は、宗教の護教者は、人間と物理的な自然との相異を指摘して、それをおきまりの根拠にしていた。この相異は、人間の場合に、超自然的なる何かが介入《インターヴィン》するということを議論するために、利用される場合（原注）もあったくらいだ。しかしながら、最近の喝采《かっさい》の声、それは科学が古典的タイプのメカニカリズムに降伏宣言するのに対して、宗教の護教者たちがあげているものであるが、それは彼ら自身の観点からしても、浅《あさ》はかなことのように思えてくる。

なぜなら、現代の科学的な自然観の変化は、人間と自然とを以前よりもいっそう密接にただ結びつけているだけだからである。人間を別のメカニカルなモデルの形式に還元することによって、人間の特徴は何かと言って、うまく言い抜けるのか、また文字通りに超自然的な何かが人間を自然から区別するという教義《ドクトリン》か、そのどちらかの選択《チューズ》を我々はもう強いられることはない。

（原注）私がこの言葉を使用する理由というのは、科学がメカニズムは別個な諸事物の厳密《げんみつ》な意味でのメカニカルな接触の性質のものである、という考えから手を引こうとする際に、実際に役に立っている諸々のメカニズムへのそれ自身の信念を放棄してはこなかったからである。

ジェイムズ・ヘンリー・ブレステッドの著書『良心の夜明け』

物理的な自然がメカニカル――それのもっと古い意味で――でないとわかればわかるほど、それだけますます人間は自然に接近している。ジェイムズ・ヘンリー・ブレステッド（訳注44）は、彼の興味深い著書『良心の夜明け』で、できたら最も答えてほしい問いとして、次のようにヘッケル（訳注45）に言及している。

それは、宇宙は人間に好意的であるか、というものである。この問いは、曖昧《あいまい》なものである。人間に対して好意的であるとは、何を考慮してのことなのか。気楽さとか快適さとか、物質的成功か、エゴイステックな野心を考慮してのことなのか。あるいは、問いかけ《インクァイアー》発見するため、発明し創造するため、さらに人間の生存《イクジステンス》のために、もっと安全な秩序をつくるための向上心を考慮してのことなのか。たとえ、どんな形式でこの問いが出されるにしても、その解答は正直なところ無条件で絶対的なものであるはずはない。

ブレステッドが一人の歴史家として出した解答は、自然は良心や品性のこの出現と発展に対してこれまで好意的であった、というものである。すべてでなければ《オールオアナッシング》承知しないような人たちは、この解答に満足するはずがない。

原典55-56頁

出現と成長は、この人たちにとっては十分なものではない。彼らは労苦や悲しみが伴うような成長以上の何かを欲しがっている。彼らは究極の達成を欲しがっている。

他のそれほど絶対主義者ではない人たちは、品行方正《ひんこうほうせい》に、成長は単なる到達よりももっと高い価値や理想である、と考えることに満足しそうである。彼らは、また成長がそれまで良心や品性に限定されていたのではなく、それが、このほかに発見や学習や知識に、芸術における創造に、相互の援助や愛情でともに自身を支える絆《きずな》を促進することにも及《およ》んでいる、ということを忘れようとはしない。

これらの人たちは、何はともあれ理想目的に向けられる選択《チョイス》を続けることに基づく、宗教的効用《ファンクション》という知性的な見方には満足しようとする。

まとめ

というのは、私がこれまでに考察してきたことが宗教的態度《アティチュード》の知性的側面であることを、私は読者に結論としてどうしても銘記《めいき》させたかったからである。

私は次のようなことをこれまでに述べてきた。それは、人生にあって宗教的要素は超自然的なるものの概念にこれまで困《こま》らされていて、その超自然的なるものは人が外の自然をほとんどコントロールできず、僅《わず》かしか確実な探究《インクァイリー》やテストという方法の邪魔《じゃま》をしていない、それらの文化にはめ込まれていたものである、ということである。

宗教的な信念の知性的な内容はどうかと言えば、今日の危機は、我々の知識や我々の理解力の手段の増大に起因する知性的風潮の変化によって引き起こされてきた。

この変化は、我々に共通の経験における宗教的な価値にとっては致命的なものではないが、それよりも反対に、その衝撃は歴史的な諸宗教にありそうであることを、私は示そうとしてきた。かえって、活動中に知性の方法や成果が率直に用いられるならば、この変化は我々を自由にするものである。

原典56-57頁

この変化は、理想を幻想《イルージョン》やファンタジーに従属させないようにすることによって、我々の理想を明確にする。これは、理想を固定されたものとして、成長のパワーのないものとして、考えるような悪夢から我々を解放する。この変化、理想が一貫性をもって自然的知性の増大と直接に関係して発展する、ということを明らかにしている。

この変化は、自然的知識を得るための向上心に明確な宗教的性格を与える。なぜなら自然を理解することでの成長は、理想目的の形成と有機的に関係していると見られているからである。この同じような変化のおかげで、人は、自然の諸条件の中に、理想の支配権をサポートし、拡張するようにまとめられるかもしれない、これらの要素を選択《セレクト》できるようになる。目標《パーパス》は、そのひとつ残らずが選択的《セレクティブ》であり、どの知性的活動も、思慮深い選択《チョイス》を含んでいる。我々が超自然的なるものを用いる信念に依存することをやめる程度に応じて、選択《セレクション》することは啓蒙《けいもう》され、選択はそれの条件と結果との本来の関係が理解される理想のためになされる場合もある。

宗教の自然主義的な基礎《ファンデイションズ》や態度《ベアリングズ》が把握されるならば、人生における宗教的な要素は宗教の危機の苦しみから抜け出すであろう。宗教は、その際、可能性の評価、未だ実現されていないものとしての可能性による情緒的《イモーショナル》な興奮や、またそれらの可能性を実現するための活動にひとつ残らず関係している、人間的な経験のあらゆる局面に自身の自然の場所を持っていることに気づかされるようになるであろう。人間的経験において重要な意味のあるものは、すべてこの枠内に入るのである。

第3章　宗教的効用の人間的居場所《アボウド》（訳注46）

宗教の社会的結びつき（習慣の集団的モード）、宗教の核心部分＝儀式やセレモニー、伝説や神話、物語

原典59頁

この宗教論では、私は通常の順序には従わないで、宗教をその社会的結びつきから考察するより前に、宗教の知性的内容を論じてきた。宗教論では、全体から見て、習慣《プラクティス》の集団的モードが先にくるか、それがもっと重要であるかのどちらかである。

宗教の核心部分は、大まかにはこれまで儀式やセレモニーに見いだされてきた。伝説や神話では、一部は、物語ることを抑えられない人間の傾向に応じて、装飾に役立つ衣服のようなものとして、また一部は、儀式的な習慣《プラクティシズ》を説明するための試みとして発展している。

やがて、文化が進むにつれて、物語は統合され、神々の系譜や宇宙創造論が――バビロニア人、エジプト人、ヘブライ人、ギリシア人にとってのものと同じように、形成されている。ギリシア人の場合には、創造の物語や世界の構造の説明は、主に詩的で文学的であり、哲学は最後にそれらから発展した。

ほとんどの場合に、伝説は、儀式やセレモニーとともに、特別な団体、聖職者の保護を受け、それが所有する特殊な技術《アーツ》に支配されてきた。そのために、ある特別なグループは、信念を集大成《コーパス》するための責任あるオーナーや守護者や伝道者として別にされたてきた。

原典59-60頁

それでも、この特別な社会的グループの形成したもの、それは宗教の習慣《プラクティシズ》と信念の双方に

特異な関係をもつものであるが、それはこれまでに述べた話のほんの一部にすぎない。パースペクティブが最も広いところでは、それはそれだけよけい重要性の低い部分である。

宗教的コミュニティ、寺院、教育、ユダヤ人コミュニティ

宗教の社会的重要性に関して、もっと意味のあるポイントは、聖職者が一部のコミュニティや部族や都市国家やあるいは帝国の公式の代表者であったことである。また、聖職者の有無に関わりなく、コミュニティの一員である個々人は、彼らが社会的で政治的な組織に関心を抱くように、ある宗教的コミュニティに生まれきたのである。

それぞれの社会的グループは、それ自身の神的存在者《ディバインビーングズ》をもっていた。それらはその創設者や守護者であった。そのグループの供犠《サクリファイス》や浄化や霊的交わり《コミューニョン》の儀式は、組織化された市民生活の表現であった。

寺院は、一種の公的な制度であり、コミュニティの崇拝《ワーシップ》の焦点でもあった。例えば、その習慣《プラクティシズ》の影響はコミュニティや家庭や経済や政治のすべての慣習《カスタムズ》にまで及んでいた。グループ間の戦いまでもが、多くの場合、各々の神々《ディーイティズ》の対立であった。一個人が、ある教会に入ったわけではない。彼は、ひとつのコミュニティに生まれ、育てられて、その社会的な統一や組織や伝統が集団的な関係の儀式や信念のもとでシンボライズされ、祝福されてきたのであった。

教育は若者をコミュニティの諸活動へと導き入れるものであった。その活動は、ひとつの宗教

と密接に結びつけられ、その宗教によって正当化される慣習や伝説やセレモニーとあらゆる点で織り混ぜ合《インターウォーベン》わされていた。

宗教が慣習《カスタム》やグループの生活の諸活動のすべてに浸透する場合に、その宗教が社会的に何を意味しているかということを、想像力を使わずに理解できるのは、とりわけロシアのユダヤ人コミュニティ（訳注47）で育てられた少数の人々ぐらいのものである。

アメリカ合衆国の我々のほとんどには、そのような状況はあくまでも遠い昔の歴史的なエピソードでしかない。

原典60－61頁

宗教の社会的な核心の変化、国家と教会の対立、
教会＝「ある特別な制度」、コミュニティからアソシエーションへ

この変化は、かつてはこのようにあまねく広まっていたものだが、いまでは珍しい条件のもとで起こるとされている。私の考えでは、このことは歴史上で宗教に起こった最も大きな変化である。

科学的信念と神学的信念との知性的な対立は、これまでずっと多くの注目を集めてきた。そして相変わらず、それは注目の的にある。それでも宗教の社会的な核心のこの変化は、ほとんどの人たちの思考《ソート》から薄れてしまうくらい、それほどまでに着実になし遂げられていて、現在では誰

にたいしても達成されている。たぶん、それは一部の歴史家を除いてであるが、彼らでさえその政治的局面においてしか、特にそれに気づいていない。なぜなら、国家と教会の対立は一部の国ではまだ続いているからである。

いまでも、ある特定の、彼らの両親の教会で生まれ、それは当たり前のことと言ってもいいが、そこの会員になる人たちがいる。いやそれどころか、そうした会員となる事実は、ひとつの重要な個人のキャリア全体を左右する要因になることまである。

それよりも、歴史では新しく、かつては一度も聞いたことのなかったことは、いま問題になっている組織が世俗的《セキュラー》なコミュニティというものの内側の**どれもある特別な**制度になっている、ということである。設立された諸々の教会があるところでさえ、それらは、国家によって設置されたり、国家によっては整えられないところもある。

ただ国民国家だけでなく、グループ間の他の形式の組織も、これまで次第に権力と影響力を増大させてきたのは、あるひとつの宗教に基づき、その周辺に形成された組織を犠牲にしてきたからである。

原典61 - 62頁

この事実と関連することは、後者のタイプのアソシエーションの会員になることが、ますます個々人の自発的な選択《チョイス》の問題になっていて、個々人は教会によって強いられた責任を引き受けるような傾向にあるのかもしれないが、でもそれは彼らがそれらの責任を自身の意志作用《ヴォリション》によって引き受けているのである。

もし彼らがそうした責任を引き受けるのであれば、多くの国家では、彼らが所属している組織は、その政治的かつ世俗的《セキュラー》に実在するもの《エンティティ》について、一般的な法人法のもとで認可が与えられることになる。

科学が宗教の信条に及ぼす直接的な効果＝二次的重要性

私がこれまで社会的な核心と呼んできたものにおけるこの推移は、教育的、政治的、経済的、慈善的、科学的なさまざまなことを目標《パーパスィズ》にして形成されるアソシエーションの巨大な拡張を伴っていて、それはどんな宗教からも独立に起こってきたものである。

これらの社会的モードは、大多数の人々やそれどころか教会の会員を維持する人たちにまで、その思想《ソート》や関心により大きな影響力《ホールド》を及ぼすように、それだけ大きく成長してきた。それでも宗教というものの立場からすれば、こうした関心への積極的拡大は、非‐宗教的であまりにも大きいので、これと比較すると、科学が宗教の信条に及ぼす直接的な効果などは二次的な重要性しかないように、私には思えてくる。

科学の間接的な効果、新しい知識の適用性

ここで、私が**直接的な**効果と言ったのは、諸々の組織が競争し、その成長を刺激するような場

合には、科学の間接的な効果はとても大きいからである。純粋に知性的である変化は、せいぜい少数の専門家に影響を与えているだけである。

これらの変化は、そのもとで人類が互いにかかわる**諸条件**との衝突を介してもたらされる不都合であって、二次的なものである。発明やテクノロジーは、産業や商業と手を組んで、言うまでもなく、アソシエーションの基礎をなしているこれらの諸条件に深く影響を及ぼしてきた。

原典62‐63頁

今日の政治的で、社会的な問題は、ことごとくこの間接的な影響を反映している。それらは、失業から金融、地方自治行政から、新しい交通手段のモードによって可能となった大規模な人々の移動、産児制限から外国貿易や戦争に至るまでさまざまである。

こうした新しい知識の適用性《アプリケイション》によってこれまでに起こってきたこの社会的な変化は、だれにでも影響を及ぼしている。それは、その人が自身を煽《あお》り立てているような諸々の力の資源に気づく、気づかないにかかわらずである。

なるほどこの効果は、そのように大部分が無意識であるために、それだけかえって根が深い。というのは、私が繰り返し言ってきたように、人々がそこで出会い、そこでともに活動する**諸条件**というのは、これまで変更されてきたからである。

宗教のファンダメンタリスト、カトリック教会

宗教でのファンダメンタリストというのは、彼の信念が知性的内容では科学の発展によってこれまでにほとんど影響を受けてこなかった人である。天国や地上や人間についての彼の観念《ノーションズ》は、宗教に関係する限り、コペルニクス、(訳注48)ニュートン、(訳注49)ダーウィン(訳注50)の仕事に影響されないのは、それらがアインシュタイン(訳注51)の仕事に影響されないのとほとんど同じである。

しかし、彼が組み立てられた接触のもとで日々何をするかという現実の生活は、政治的、経済的な諸々の変化によってこれまで徹底的に変えられてきた。これらの変化は科学の適用性《アプリケイション》から の当然の帰結として生じてきたものである。

厳密に知性的な変化に関する限り、信条は順応《アコマディション》の大きなパワーをはっきりと表示している。例えばそれらの条項には、パースペクティブが気がつかないほど変化があり、重点を置くところは変えられ、新しく意味するところが忍び込んでいる。

特にカトリック教会は、知性的に外れることを取り扱う際に寛大であることを示してきた。ただし、それは、外れることが、修養法や儀式や秘蹟《サクラメンツ》を傷つけない限りのことである。

原典63－64頁

スコープス裁判

一般の信徒たちの間でも、あくまでもごく少数の比較的高学歴で選《え》り抜きの人たちだけが、科

学的信念の変化に直接に心を動かされている。ある特定の観念は、多かれ少なかれ背後に退いていくが、本気では挑戦されずに、それらは名目上は受け入れられている。

たぶん、教育を受けたほとんどの人たちは、生物学的な進化の概念がいままで当たり前のこととして受け入れられると考えていた。それは、テネシー州の立法やスコープス裁判(訳注52)が、そのことがどのくらいまで、この実情と異なっていたかを明かにするような深刻な危機をもたらすまでは、そうだったのである。

翻《ひるがえ》って、キリスト教会の組織の内部であっても専門職の階級は、一般の人の<ruby>パースペクティブ</ruby>《マインド》や、どのような価値に重点をおくかで、このような変化を感じていない。それは、何か深刻な状況がこの変化を明らかにするまではそうである。彼らは、そうなった場合に、それまでに生じてきた新しい関心の妥当性を精力的に否定することになる。

ところが、彼らはただ観念に対してではなく、むしろ関心に対して働きかけているので、彼らが必死に努力しても、すでに納得させられた人たち以外は納得させることがない。

ルネサンス＝世俗主義、「自然宗教」、独立的な会衆派、超越主義

集団生活に影響を与えるような習慣《プラクティス》での変化は深くかつ広くに及んでいる。これらは我々が中世と呼ぶ時代からずっと作用している。ルネサンスは本質的には世俗主義《セキュラリズム》(訳注53)の新たな誕生であった。

十八世紀の特徴である「自然宗教(訳注54)」の考え方の発達は、キリスト教会の団体の支配に対する一種の抗議であった——この点に関して言えば、それは前の世紀の「独立的な」宗教的団体の成長によってすでに予告されていた運動である。

けれども、自然宗教は、独立的な会衆派《コングレゲイションズ》(訳注55)の発展を否定しなかったのと同じように、超自然的なるものの観念の知性的な妥当性も否定しなかった。自然宗教は、むしろ個人の自然的理性を基盤《ベイシィス》にして、有神論と霊魂の不滅《イモータリティ》を正当化することを試みてきた。

原典64-65頁

十九世紀の超越主義《トランセンデンタリズム》(訳注56)も同じで、広い方向でのさらなる動きであり、それは、「理性」がもっとロマンティックで、もっとカラフルで、そしてもっと集団的な形態を帯びるようになったひとつの運動であった。この運動は、世俗的《セキュラー》生活の至る所に超自然的なるものが拡散していると主張した。

宗教の社会的な位置や効用

これらの運動と、ここでは言及されていないそのほかのものは、人類が地球上に現れて数千年の間に宗教に起こった、最大の革命の特質を知性的に反映したものである。それは、私がいままで述べてきたように、この変化が宗教の**社会的**な位置や効用《ファンクション》に関係があるからである。

超自然的なるものの一般の人《マインド》への影響力《ホールド》までもが、キリスト教会の組織の権力——すなわち、コミュナルな組織のどんな特定の形態からも、ますます分離するようになった。このようにして、宗教の拠《よ》り所となっているまさにその考え方ですら、いわば、どの特定の社会的制度の保護や管理からも、次第に消えていった。

それどころか、もっと重要なことは次のような現実《ファクト》である。それは、かつては世俗的《セキュラー》とみなされていた、アソシエーションの形態が着実にキリスト教会の制度に侵入したことで、そのことが、人々が仕事やレクレーションや市民生活や政治活動に自らの時間を費やすやり方を変えてきたことである。

まさに、その本質的な点は、世俗的《セキュラー》な組織や活動が、法律的に、あるいは外的に教会の支配から切り離されるということだけでなく、どの教会の職務とも関係していないような関心や価値が、欲望や信者の志《こころざし》しまで、いまはその大部分を左右しているということである。

原典65－66頁

事実はそれどころか、個々の信者は、ある宗教的組織に所属して獲得した傾向やモチベーションを、自身の政治活動や学校との結びつき、仕事や娯楽にまで持ち込むことがあるということである。

革命を構成する二つの現実

ところが、ここにも革命のようなものとなる次のような二つの現実《ファクト》が依然としてそのままである。

第一に、諸々の条件としては、この活動は、個々人の側の個人的な選択《チョイス》や解決の問題であって、社会的組織そのものの本質の問題ではない、ということである。

第二に、宗教の精神が、世俗的な事柄の全体に行き渡る**べきだ**とする信念があったのに、本来世俗的で宗教の範囲の外の出来事に、ある個人が自身の個人的な態度《アティチュード》を、引き入れたり、あるいは持ち込んだりする、まさにその事実が巨大な変化になっている、ということである。

一部の宗教家によって主張されるように、どんな価値でも、新しい運動や関心が、ひとつ残らず教会の後援で成長し、同じ起源からその原動力を受け取っている、とされるとしても、一度乗り出した船は見知らぬ海を遠くの国まで、航海することが認められなければならない。

宗教と宗教的効用の間の区別

ここに、直面しなければならない論点があるように、私には思える。ここにこそ、これまで私がひとつの宗教と宗教的効用《ファンクション》との間に引いてきた区別が、独自に適用できるような場所がある。

宗教的なるものと、世俗的《セキュラー》でしかも神聖でないこととの間に線を引くことは、超自然的なるものに基礎をおく、いわば、宗教の本性である。そのことは、宗教がそれらの他の宗教以外の関心を支配するために、教会やその宗教の権威の正しさを主張する場合であっても、同じである。

しかし「宗教的」ということが、超自然的なるものから独立して、ある一定の態度《アティチュード》や見通《アウトルック》しを意味する概念性は、まったくそのような聖俗の境界線を必要としていない。

原典66－67頁

この概念性は、宗教的価値を特定のコンパートメントに閉じ込め、アソシエーションの特定のある形態が、それと独特の関係をもつと頭から決めてかかることもない。社会的側面に関しての、宗教的効用の将来性は、それを諸宗教や特定の宗教から解放することときわめて密接に関係しているように思える。多くの人たちは、多種多様な教会があって、それらの主張が対立しているために困惑している。ところが、根本的な困難は、もっと深いところにある。

ローマ・カトリック教会、生活の世俗化＝背信行為のひとつの証し、プロテスタンティズム＝わがままな異端の証し

これまで述べてきたことの中では、私は宗教的組織の代表者たちによって、それまでに起きた歴史的変化について解釈されたことを無視してきたわけではない。

最も古い組織、それはローマ・カトリック教会であるが、そのことを次のように審判している。生活の世俗化《セキュラリゼイション》や、社会的関心と価値が教会の支配から独立することが増大しているのは、それは、かえって自然のままの人間の、とにかく神からの背信行為《アパスタシー》のひとつの証し《エビデンス》としてだけである。つまり、人類の意志にある本来の堕落は、神が自ら指名した地上の代表者に、それまで委

任してきた権威を無視してきた結果である、とするのである。

この教会は、世俗化が、プロテスタンティズムの広がりとともに、これまで**パリパス**(訳注57)に進めてきた事実を、プロテスタンティズムが私的な良心や選択《チョイス》に訴える点を、後の方のわがままな異端《ヘレシー》の証し《エビデンス》である、と指摘している。

こうした世俗化《セキュラー》に対する治療法は簡単である。神の意志への服従《サブミッション》は、地上に設けられた神の代理人である、組織を介して絶えず表現されるように、唯一の手段である。それによって、社会的関係や価値は、再び宗教と同一面に広がることができる。

プロテスタント教会、神との霊的交わり、良心や意志の神との直接的な関係性

原典67－68頁

これに対して、プロテスタント教会は、人間の神との関係が、本来は個人の問題であり、個人的な選択《チョイス》や責任の問題である、という事実をこれまで強調してきた。

いままでキリスト教における変化の概略を述べてきたが、この見方からすれば、この変化のひとつの局面は、道徳的であるのはもちろんのこと、宗教的にもある進歩を特徴づけている。なぜなら、この見方によれば、人間の神への関係を、集団的で、制度的な出来事にする傾向をもつような信念や儀式は、人間の魂と神的な聖霊《ディバインスピリット》との間にバリアーを築いているからである。

神との霊的交わり《コミューニョン》は、個人の心や意志によって、直接的な神的《ディバイン》なものの援助を仲介にして着手

されるべきである。そのため、組織化された宗教の社会的地位に起こったこの変化には、嘆き悲しむべきものは何もない。

　これまでに失われたものは、どう見ても見せかけだけで、外面的なものであった。得られたものは、宗教がその唯一現実的でしっかりとした基盤、すなわち良心や意志の神との直接的な関係性におかれてきた、ということである。

　これまでにあるような経済的、政治的な制度には、非-キリスト教的で、反-キリスト教的なものが多くあるけれども、変化は個人的な信仰で染《そ》められた男女の努力の総和によって達成されるほうが望ましいもので、それらの制度が、個人を外面的で結局は世界的な権威に従属させる、たとえどんな無差別の制度的な努力によってもたらされるにしても、それよりは望ましい。

原典68-69頁

世俗化は衰退ではない

　これら二つの対立した見解に関係している問題を細かな点で取り上るとすれば、そこにはひょっとしたらもっと強く迫ってもよさそうな、それに特有な検討すべき問題点が幾つかある。

　それは次のようにもっと強く主張されてもかまわない。生活の関心のような、どんどん新しいものを取り入れている世俗化《セキュラリゼイション》は、カトリック教会のグループの議論が暗示しているようなだんだんと増えている、衰退《ディジェネレイション》が付随するものではない、ということである。

社会的進歩は自発的な宗教的アソシエーションの産物ではない

歴史の研究者でも、どの宗教にも所属していない人々が多くいる。彼らは、世俗化《セキュラリゼイション》のプロセスを逆にすることや、教会が最終的な権威となる状態に再び戻ることを、最も貴重なものが所有されることに対してのひとつの威嚇《いかく》とこれまで受け取ってきた。

プロテスタンティズムの見解について言えば、次のようにもっと強く主張されることがよくある。これまでに起こったこのような社会的進歩は、実際には自発的な宗教的アソシエーションの産物ではない。それどころかまるで逆で、人間関係をこれまで人間化するのに働き、知性的で審美《しんび》的な発展をもたらしてきた諸々の力は、教会とは関係しない影響の結果である。

道徳的徴候

ある主張が次のような見解として認められるかもしれない。それは、教会は、最も重要な社会運動ではこれまで立ち遅れていて、自らの社会的出来事での主要な注意を、戦争の原因とか、一連の経済的、政治的不正や弾圧の原因よりも、むしろ道徳的**徴候**《シンプタムズ》、例えば泥酔《でいすい》、アルコールの販売、離婚のような悪徳や児童虐待の方へ向けてきた、という見解である。前者のようなことに対する抗議は、これまでは主に世俗的《セキュラー》運動に委《ゆだ》ねられていた。

超自然的なるもの＝異常なるもの、超自然主義＝社会的宗教

初期の時代には、いま私が超自然的なるものと呼んでいるものは、ほとんど異常なるもの以上に何も明確なものを意味していなかった。それは、その変わった性格を理由に、目立つとか情緒的に強い印象があることだった。おそらく今日でも、自然的なるものに最も共通する概念性は、普通のとか、慣習的とか、それに馴染《なじ》みがあるということである。

普通ではない出来事の原因を洞察することがなかった頃は、超自然的なるものを用いた信念は――自然のこの意味で、それ自体が「自然的」である。したがって、超自然主義は人間の心が超自然的なるものに慣れている限りでは、本当にそれは社会的な宗教のようなものであった。

原典69－70頁

それは、異常な出来事に「説明」を与えはしたが、一方では有利な立場を確保し、これらが都合の悪い場合に、これらからコミュニティのメンバーを保護するのに、超自然的な力を利用するテクニックを提供した。

異常なものの「自然的な」説明、スピリチュアル、心の二重性

自然科学の発展は、異常なるものも「自然的な」説明ができる出来事と同じ水準にした。それと同時に、積極的な社会的関心の発達は天国――そしてその反対の地獄――を背景に押し込んだ。それによって教会の効用《ファンクション》と職務は、ますます専門化されることとなった。そのことで初期と

は対照的に、神聖ではなく世俗的《セキュラー》とそれまで受け取られていた関心事や価値が、しだいに大量になり、しかも重要となった。

それと同時に、基本的で究極的なスピリチュアルや理想価値が超自然的なるものを連想させるような観念《ノーション》は、いわば、ぼんやりした背景やオーラとしていまでも続いている。この観念に敬意をもって従うこの種のことは、具体的な関心の移動と一緒に残っている。

このように一般の心は、混乱し、分裂した状態のままである。この動向は過去数世紀の間しか続いてこなかったことだが、それは、宗教的な意味や価値が、ノーマルな社会的関係の中に明確に統合されるまでは、どうしても心の二重性の原因になり続けるものである。

心の二重性と第二の対比のようなもの

この問題はもっとはっきり明言されてもかまわない。

一方の極端な立場は、超自然的なるものとの関係を離れては、人間は道徳的に野獣のレベルのようなものである、とするものである。

原典70－71頁

他方の立場は次のようなものである。それは、安定と平和のための重要な意味のある目的や安全性は、そのひとつ残らずが人間関係を基盤《マトリックス》にしてこれまで成長してきたというもので、超自然的な場所が与えられる価値は、その証拠に諸々の自然的善さについての手がかりをこれまで用意している理想化する想像力の産物である、というものである。

ここから結果として、第二の対比のようなものが生まれる。

一方の側は、超自然的なるものとの関係は、原動力の唯一最終的な拠《よ》り所となる資源であり、直接的にも間接的にも、それは、地上の人間の生活の指導や調整《レクティフィケイション》のために、これまでありとあらゆる真面目な努力に息を吹き込んできた、と主張される。

他方の立場は、家族や隣人や市民生活や芸術と科学の仕事など、さまざまな現実の具体的な関係において経験される善さは、実際には人々が指導やサポートのための拠り所としているものであり、彼らが超自然的で別世界の場所に言及することは、それらのリアルな自然の姿をこれまで分かりにくくして、それらの力を弱めてきた、ということである。

現在と将来の宗教的な問題

以上のように心の二重性について概略してきたが、これらの対比は現在と将来の宗教的な問題を明確にしている。

人間的なアソシエーションの価値から生じる不都合《コンシクエンシズ》とは何であろうか。もしそれらに固有である内在的《イマネント》な充足と機会とが、明確に把握されて、宗教の歴史を時代とともにこれまで特徴づけてきた情熱《アーダァ》や献身によって培われていると考えるならば、それらは何であろうか。

人々の間で次第に数が増えてきている主張として、次のようなものがある。それは、自然な社会的価値の軽視してしまうのは、原則的にも、実生活でも、それらの起源や重要性をこれまで超自然的な資源に任《まか》せた結果である、というものである。

それによって夫と妻や親と子どもや友だち同士や隣人同士や、産業、科学、芸術における仕事仲間など、自然な関係は、無視され、見過ごされることになる。それらは、それらの中にあるにもかかわらず、発展させられていない。それに、それらは単に軽視されるだけではない。

原典71－72頁

それらは、これまで、もっと高い価値の危険なライバル、戦うべきとされる誘惑を提供するもの、聖霊《スピリット》の権威を肉によって強奪するもの、神的《ディバイン》なるものに対する人間の反乱とまで見なされてきた。

リベラル派の宗教サークル、真理の二重の新事実

原罪や全体的な腐敗や外的ないし内的な本性の堕落などの教義《ドクトリン》は、現在のリベラル派(訳注58)の宗教サークルでは特に風潮になっているわけではない。むしろ、そこでは分離した二つの価値のシステムがあるという考え方が普及している――それは、前章で（三四〜三五頁）二種類の真理の新事実について言及したのと同じような考え方である。

自然的関係性と超自然的関係性とに見いだされる諸価値は、現在はリベラル派のサークルでは、互いに補《おぎな》われるべきであると言われている。それは、啓示《レベレイション》と科学の真理が、同じ究極的な真理

の相互に支えている二つの面であるのと同じことである。

私は、この立場が伝統的な立場に対して大きな前進を提示していると考えずにはいられない。それは、この立場が真理の二重の新事実という考え方にしがみついているという反論を、論理的には受けやすい一方で、実際問題としては、人情味のある見方の発展を指し示しているからである。

しかし、それにしても、もし人間関係が効用《ファンクション》的に宗教的である価値に委《ゆだ》ねられるといったん認められるならば、なぜこの主張を証明可能《ヴェリファイアブル》なものに基づかせ、それの十分な実現に向けて思考《ソート》やエネルギーを集中させないのだろうか。

三つの成長の段階、リベラル派の神学者の根本的な二元論＝不安定な均衡状態、スピリチュアルな価値の二つの領域（世俗的なるものとスピリチュアルなるもの、神聖でないと宗教的なるものの昔の二元論）

歴史は次のような三つの成長の段階を提示しているように思える。

最初の段階では、人間の関係性は、外的で超自然的な資源からの救済《リデンプション》を求めれば求めるほど、堕落した人間的な本性という悪に汚染されていると考えられていた。

原典72－73頁

次の段階では、それらの人間関係で重要な意味をもつものは、他と区別されて宗教的と尊重される価値と近いと気づかされる。これは現在ではリベラル派（訳注58）の神学者によって獲得された地点である。

第三の段階は次のように理解されるであろう。それは、理想的な要素をもつようなこれらの諸宗教において、高く評価される価値は実際には自然なアソシエーション特有のものを理想化することであり、その場合にそれらは安全の維持や制裁として、超自然的な領域のようなものに投影されてきたということである。

例えば、キリスト教の語彙《ごい》の、父や息子や花嫁や仲間や霊的交わり《コミューニョン》などにある、そういう言葉の役割（訳注59）に注目せよ。また同じように、多少まとまっていないものであっても、アソシエーションのより親密な様相を表現している言葉が、王や裁判官や万軍の主などといった法律的、政治的な語源をもつ言葉に取って代わる傾向にも注目せよ。

私が第三の段階と呼んだものへの動きのようなものがなければ、根本的な二元論と生活のうちの分裂のようなものはまだ続いている。神的《ディバイン》なるものが、二重にしかもパラレルに現れるとする考え方では、後者の生活のうちの分裂では、神的なものの方が超越的な地位と権威をもっていて、それは不安定な均衡《きんこう》の状態をもたらしている。この状態は、エネルギーが向けられる対象を分裂させることによって、エネルギーをそらすように作用している。

この状態はこのほかに必然的に次のような疑問も生じさせる。それは、ノーマルなコミュニティの生活において宗教的価値を認識するのに有効であったのであれば、一体なぜ我々はそれ以上に進んではいけないのだろうかという疑問である。

自然的な人間の交際や相互依存の諸価値は、開かれていて公的であり、それらは、あらゆる自然な事実が確立されるような諸々の方法を介して、証　明《ヴェリフィケイション》が可能である。同じ実　験《イクスペリメンタル》的方法によって、それらの価値は拡大が可能である。それなら、どうしてそれらの価値を保護し、拡張することに専念しないのだろうか。

もし我々が、この第三段階に向けてこうした方策を講じないならば、スピリチュアルな諸価値の二つの領域という考え方は、世俗的《セキュラー》なるものとスピリチュアルなるもの、神聖でないものと宗教的なるものの昔の二元論を、単に柔《やわ》らげたバージョンでしかないのではないだろうか。

原典73－74頁

それ以前の信念の段階に戻ろうとする試み

この第二段階の不安定な均衡《きんこう》の状態は、思慮《しりょ》深い心には実にはっきりしているので、今のところは、それ以前の信念の段階に戻ろうとする試みがなされる。

これまでにあるような社会的関係を容赦《ようしゃ》なく告発することは、それほど難しいことではない。それは、国民国家の関係をお互いに支配する、戦争や警戒心や恐怖を指摘し、また家庭生活のかえって古い絆《きずな》に増えている風俗壊乱《ふうぞくかいらん》を指摘し、さらには政治の堕落や無駄であるような驚く証拠《エビデンス》と、経済活動の特徴となっているエゴイズムや残酷さ、それから弾圧を指摘すれば十分である。

この種の材料を積み重ねることによって、人は誰でも望めば、社会的関係は、その質が低下しているので、あくまでも頼《たの》みとするものは超自然的な援助にあるという勝ち誇った結論に到達できるようなる。それによって、大戦とそれに続く数十年の全体的な混乱は、堕落や罪や超自然的な救済《リデンプション》の必要という神学をこれまで復活させてきたのである。

しかしながら、こうした結論はこうしたデータから生ずるのではない。

それは第一に次のことを無視している。それは、高く評価され、そのために超自然的パワーがアピールされるどの積極的な諸価値も、結局のところ、ある一枚の絵をそのように暗く描くことも可能である人間のアソシエーションのぎりぎりの場面から出てきたということである。諸々の事実の中の何かあるものは、それまでその絵から除かれてきたのである。

原典74－75頁

私は、超自然的なチャンネルを手に入れるのに、理想的に考えることに異様なくらい敏感な人たちの思考《ソート》や活動をわきへそらせることが、現実の状態に及ぼす影響《エフェクト》に関して、以前述べたことをこの場に再び持ち出そうとは思わない。

私はもっと直接的で実践的《プラクティカル》な問題を提起しようと思う。諸制度の悪は、そのひとつ残らずがいまは実際にあるからと、それらの悪を呼び起こすことによって、社会は「不道徳」の罪を宣告される。しかし、そこには表現されていない前提がある。それは、実際にあるような制度は、それら自身の本来の姿であり、社会的関係のノーマルな表出であるということである。

社会的関係と諸制度との関係の問題、偶然的

もしこの前提が述べられるのであれば、そのこととこの提示された結論との間に、非常に大きなギャップがあることは明らかであろう。社会的関係と、特定の時期に支配的である諸制度との関係の問題は、社会的探究《インクァイアリー》に与えられた最もわかりにくい問題である。

後者が前者の直接の反映であるという考え方は、歴史的に諸制度を形成するのにこれまでに入り込んできたさまざまな要因を無視している。歴史的に言えば、これらの要因の多くは、これまで社会的関係に与えられてきた制度的な形態については、偶然的《アクシデンタル》である。

クラレンス・エアーズの言明

私がよく好んで引用するものの中のひとつに、クラレンス・エアーズ(訳注60)の次のような言明がある。それは「我々の産業革命は、何人かの歴史家が言うように、織物産業の半ダースの技術改良とともに始まった。それから、紡《つむ》ぐ、編《あ》むような明らかな改良以上に、我々が少しは重要なことが起こったことを我々が理解するのに、一世紀かかった」というものである。

この言明は、長い議論をする代わりに、私が、制度的発展の人間のアソシエーションの初期段階の事実との関係を「偶然的」とすることから、何を言おうとしているかを示すのに役立つにちがいない。

原典75-76頁

この関係は偶然的《アクシデンタル》である。なぜなら結果的に生じた制度の不都合は、予知されも、意図されてもいなかったからである。このように言うことは、いわば、次のように言うことと同じである。それは、社会的知性というのは物理的関係についての知性があるという意味で、今までのところは現存していないのである。

マイナスの事実、無知を論拠にして超自然的なるものに至らせる古い昔の推論

ここには、次のようなマイナスの事実がある。それは、重要な意味のある改善を結果としてもたらすために、超自然的な介入が必要であるという論法を、無知を根拠《ベイシィス》に、超自然的なるものに至《いた》らせる古い昔の推論と、あくまでもそれとよく似たようなものの例にしているという事実である。

例えば、我々は生物の無生物との関係の知識を欠いている。それゆえ、超自然的な介入が、野獣から人間への移行をその結果もたらしてきたと想定される。

我々は、有機体——脳と神経系——の思考《ソート》の発生との関係を知らない。それゆえ、超自然的なものを結びつけるものがあると論ぜられる。

我々は、社会的な事柄での因果関係を知らないので、その結果、我々にはコントロールする手段がない。それゆえ、我々は超自然的なコントロールに助けを求めるにちがいないと推論される。

社会的知性

もちろん、私は、社会的関係に関して、知性がどこまで発展でき、発展しようとするかを知っているとは主張しない。しかし、唯一、私が知っていると考えられることは、次のことである。それは、必要とされる理解力は、我々がそのために努力しなければ、どうやっても発展しないものであるということである。超自然的な働きかけだけが、コントロールできると仮定してしまうことは、この努力を遅らせる確実な方法である。

現在、**社会的**知性に関しては、妨《さまた》げている力のようなものがあるということは、はっきりしていることで、それは、似たような訴えが以前に物理的な知識の発展では障害物のようなものであったのと同じようなことである。

原典76－77頁

社会的出来事との関係で、もっと優《すぐ》れた知性の発展を俟《ま》たなくても、今すぐにでも、自然的手段や方法の使用法によっては、事情は本当の意味で変わってくるものである。

いままでも、間違っていることなどを的確に指摘するのに、複雑な社会的現象を十分に検査することは可能である。これらの悪を、それらの原因、しかもそれは抽象的で道徳的な力とは、まったく異なった何かであるような原因にまで、ある程度さかのぼって調べることも可能である。

傷口のいくつかの治療法を考え出し、効《き》くようにすることも可能である。その結果は、救済《サルベイション》の福音《ゴスペル》のようなものではなく、それは例えば病気や健康の問題を追跡することと同じ線に沿《そ》っているものである。

この方法は、もし使われるなら、社会厚生に向かう何かを達成しようとするだけでなく、それはもっと偉大なことを達成することになるであろうし、それは社会的知性の発展を進めるだろうし、その結果、より巧みな図太《ずぶと》さで大規模なものに影響を及ぼすかもしれない。

権力が与えられている既得権益《インタレスツ》は、現状維持《ステイタスクオー》の方向にパワフルに存在する。その結果、それらは、自然的知性の方法の成長や適用性《アプリケイション》を妨げることに、特にパワフルになる。これらの権益が非常にパワフルであるというまさにその理由から、活動での知性の方法を認識するために闘うことがそれだけ一層必要になってくる。

それより、この闘争を行うことで、最も大きな障害物のひとつは、漠然とした道徳的な原因に特有な表現で社会的な悪を片づけようとする傾向である。

原典77－78頁

人間の罪深さや心の堕落や自己愛や権力愛など、それらの原因が引き合いに出される場合、抽象的な諸々のパワー（それは、それどころか数多くの特定の結果を、一般的な名称の下に繰り返したただけにすぎない）にアピールしたのとまさにその通り、同じ性質である。それらは、かつては物理的「科学」で広く行われていて、それの発生と成長の主要な障害物のようなものとして作用したものであった。体の病気を説明するのに、かつては悪魔《あくま》にアピールされていて、厳密な自然死のようなものは起こるとは想定されていなかった。

現在の社会的現象を説明するために、漠然とした道徳的な原因を持ち込むことは、同じ知性レベルにある。それは、伝統的諸宗教の威信《いしん》によって強化され、超自然的なるものを用いる信念の情緒的な力によって後押しされて、こうした持ち込みは社会的知性の成長を窒息《ちっそく》させる。その社会的知性によって、社会的変革の方向性が先に偶然《アクシデント》の意味が明確にされた（七五〜七六頁）ように、偶然の領域から取り出されることができたのである。

この広い意味での偶然と超自然的なるものの観念は双子である。したがって、超自然的なるものにおいての関心は、偶然の社会的支配を長引かせるために、他の既得権益を強化しているのである。

孤立して、個体としての存在の空虚さの自覚を大きくさせるサイン

一部の宗教サークルにおいては、ひとつの強い反動がある。それは、今日では、単に個人の魂を個人的に救済《サルベイション》するにすぎないという考え方に反発するものである。このほかに、政治や経済においてもひとつの反動がある。それは**自由放任**《レッセフェール》（訳注61）の考え方に反発してのものである。

これら双方の動向は共通の傾向を反映している。これら双方は孤立して、個体としての存在の空虚《くうきょ》さの自覚を大きくさせるサインである。

自由放任の考え方の基本的なルーツ、自由放任主義の表現、方法としての知性

それよりももっと問題なのは、**自由放任**の考え方の基本的なルーツが、人間生活の行為への知性の根本的な介入の可能性を否定していること（たいていは、それは明確に述べられたというより暗示されるが）である。

原典78－79頁

現在、社会的な諸問題の改善において超自然的な介入へアピールすることも、やはり深く根ざした**自由放任主義**《レッセフェーレイズム》の表現である。しかし、それは、我々が社会の出来事や関心に人間が介入するのを、不適切で無用とする考え方によって追い込まれる絶望的状況を認めることである。これらの現代の神学者たちは、社会的変革に関心をもちながら、同時に超自然的なるものに有利になるよう人間の知性や努力を軽視している。彼らは正反対の方向に向かっている二頭の馬に乗っているようなものである。

世界に神の意志を広く行き渡らせるのに何かをするとか、我々自身の仕事をするのに責任をとるとかいうような旧式の考え方は、そのためには、もっと論理的かつ実践的《プラクティカリィー》に言われなければならない。方法として、いままで知性におかれてきた重点は、誰も誤解させるはずはない。知性は、理性というそれだけいっそう古い概念から区別されて、本来は活動に深くかかわっている。

知性と情緒の間にはいかなる対立もない。
情熱的知性、知性と融合しない情緒は盲目であると言うことは、同語反復である

その上、知性と情緒《イモーション》の間にはいかなる対立もない。例えば、情熱的《パッショネート》知性というようなものがある。それは、社会的な暮らし《イクジステンス》の暗い場所を照らす光に代わる情熱《アーダァ》、また知性をリフレッシュし、浄化する効力のための熱意のようなものである。人間の物語の一部始終をとっても、それはどんな代物《しろもの》であれ、人の注意を奪うような情緒を深く掻《か》き回わしてはいけない対象はないということを示している。

諸々の目的に情緒を取り付けること、それらの目的は人類が未だ試みたことのないようなことであるが、それらの中で数少ない実験《イクスペリメンツ》のひとつは、献身の実験である。それは、社会活動では、一種の力としての知性に対して、宗教的になるほど激しい。

それでも、これは活動場面の一部でしかない。たとえいかに多くの証拠《エビデンス》が、実際にあるような社会制度を背景に積み重ねられたとしても、正義や安全性のための愛情や情熱的《パッショネート》な願いは、人間的本性の中のリアリティでもある。また、不平等や圧迫感や安全でないなどの状態の中で生活していることから生じる情緒も、そのようなものである。

原典79－80頁

この二種類の情緒の組み合わせは、一度ならず革命という名前によって進行するようなこれらの変化をいままでもたらしてきた。[訳注62]

知性と融合しない情緒は盲目であると言うことは、同語反復である。激しい情緒は、諸制度を破壊するような活動において、それ自身を表現することもよくある。それよりも、もっと優れたものを生むことをあくまで保証するものは、情緒が知性と結合することである。

公的な関心の理解＝宗教的効用、超自然主義の問題点

宗教が超自然的なるものへ関与することを批判することには、このように積極的な意味がある。人間のアソシエーションのモードは、そのひとつ残らずが、「公的な関心のようなものに跳《は》ね返ってくる」。そのためにこの関心を十分に理解することは、その効用《ファンクション》では宗教的であるような、いわば、重要性の感覚と同じである。

超自然主義に問題があるのは、それが、自然な人間関係の意味する結果といった、その広さや深さを効果的に理解することを邪魔《じゃま》しているからである。超自然主義は、それらの関係を根本的に変革するために、我々がやれるだけの手段を講《こう》ずることを邪魔している。大きな物質的変革は、それに対応するスピリチュアルか、あるいは理想的性質かの改善がなくても、なされるかもしれないというのは、確かな真実である。けれども、後者の理想的性質の方向での発展は、外から取り入れられるはずがない。それは、超自然的なるものに由来するような装飾《そうしょく》を使って、物質的で経済的な変革を飾り立てることによっては、もたらされるはずがない。それは、人類の互いの現実的な結びつきに内在する、価値をもっと情熱的《インテンス》に理解《リアライゼイション》することからだけ生ずることができる。

したがって、どの制度にも潜在的にあるような公的な関心や社会的価値と、特定の組織における社会的対策とを分離するような試みは、ひとつの致命的な回り道になる。

原典80－81頁

情熱、熱意

男も女も含めてすべての人間が、歴史的宗教をその時代時代で特色づけてきた、この信仰や情熱《アーダァ》で、人間関係のすみずみまで動かされるとするならば、その結果は予想できないものとなるであろう。このような信仰や**熱意**《エラン》(訳注63)を達成するのは容易なことではない。けれども、宗教はこれまで何か似たようなことを試みてきたし、それに加えてもっと前《ぜん》途《と》多難《たなん》な対象——超自然的なるものに向けて傾注させてきたのである。信仰が山をも動かすかもしれないと主張するような人たちが、証明可能《ヴェリファイアブル》なリアリティを根拠《ベイシィス》にして、信仰を表明する可能性を前もって否定しまうのは、彼ららしくもない。

未発達な形式ではあるが、社会的条件や出来事を、それらの諸原因に関係づける潜在能力《カパシティ》は、すでに見出されている。しかも、この能力は働かせることによって成長するものである。

技術的なスキル、二者択一（超自然的なものへの依存性か、自然的な働きの使用か）、二つの選択

そこには、技術的なスキルがある。それは、我々がそれを用いて社会厚生や健全さのためのキャンペーン、身体の公衆衛生のためになされるキャンペーンに類似しているが、それに着手するためのスキルである。

人類は愛情や憐れみや正義、さらに平等や自由に向かう衝動をもっている。しかし、それらのすべてのものを溶接することは、まだ残されたままである。階級の権益や高い地位の権力を確固たるものにしてきた敵が、こうした統一を実現することに反対しているとただ主張するだけでは、何の役にもたたない。

私が前々から言ってきたように、この敵が見出されているとしなかったら、**少しであっても**変革の政策を進めることは、ほとんど意味がなくなってしまうであろう。把握されるべきポイントは、人が、もしこの闘争全体を希望のないものとして諦《あきら》めなければ、二者択一《オールターナティヴ》の選択《チューズ》を迫られているということである。

ひとつは超自然的なるものへの依存性であり、もうひとつは自然な働きを使用することである。その場合に、この二者択一の問題に直面するまで、後者のコースの邪魔《じゃま》になっている諸々の困難を指摘することは、論理的にも、実践的《プラクティカル》にも何の意味もない。

原典81－82頁

もしこれに直面するならば、そのことはまた次のように理解されるものである。この選択《チョイス》のひ

とつの要因は、あくまでも超自然的なるものに委ねられるものの力を借りることへの依存性か、もうひとつは、社会的情緒《イモーション》のかすかな動きを感じている男女が一人残らず、それには意識的にしても、無意識的にしても、超自然的なるものに背を向けている多くの人々も含まれるが、それらの人々と同盟することかのどちらかである。

この二者択一《オールターナティヴ》に直面した人たちは、また同じように、どうしても次の二つの選択《チューズ》を迫られる。ひとつは、継続的でしかもいやが上にも体系的な**自由放任**《レッセフェール》において、知性と自然的知識や理解力の資源を軽視することである。もうひとつは、これらの手段の使用を、個人的で階級的である狭い目的から、もっと広い人間的な目標《パーパスィス》に向ける、意識的で組織化された努力である。

彼らが名目上でもこの根本的な社会変革の必要性を信じる限り、彼らは自分たちが一方の手で現在の悪の深刻さを指摘したときに、他方の手がそれらの治療法のために、人間や自然から離れてたところを指した場合に、自分たちが成し遂げたことが、元の状態にもどされていないかどうかを、訊《き》かなければならないことになる。

教会の本来的矛盾、排他的で権威的な地位への要求を放棄することが、ジレンマを取り去るための必要条件である

理想化する想像力や思考《ソート》や情緒《イモーション》を自然な人間関係へこのように移行することは、いま実際にある教会の破壊を意味することにはならない。それはむしろ生命力の回復のための手段を提供する

ものである。
高く評価され、大切にされるべき人間的な諸価値や、**どのような**人間的な関心事や対策によっても満たされ、調整される《レクティファイド》諸価値の蓄積は、それらの教会によって、さまざまなやり方と異なったシンボルをもって祝福され、強化されるかもしれない。それどころか、このようなやり方で、教会は普遍的になるものである。

原典82－83頁

教会には、次のように要求されるものがある。それは、教会は社会的出来事にもっと能動的な関心を示し、戦争や経済的な不正や政治的な腐敗《ふはい》など、当該の問題に対して明確な立場をとり、地上の神の王国への活動を刺激すべきであるといったもので、それはこの時代のひとつのサインである。

けれども、社会的な価値というのは、教会がある特異なやり方で提唱する、いわば、超自然的なるものに関係づけられている限り、この要求とそれを実行しようとする努力の間には、ある本来的な矛盾がある。

一方では教会は、それ自身が経済的、政治的な問題に首を突っ込むと、自らの特別な領域から僅《わず》かではあるが逸脱《いつだつ》しているのではないかと非難される。

また他方で教会は、仮に最高の諸価値や動機づける力の独占とまではいかないにしても、まだそれらとの独自の関係のようなものがあるように触《ふ》れこんでいるので、ただこうした事実だけでも、教会が自然な、しかも平等な人間的なものを基準《ベイシィス》にして、社会的な目的の促進《そくしん》に参加することを不可能にしてしまっている。

排他的で権威的な地位を要求する権利を放棄することが、いま教会が自身の社会的活動の範囲に関して、自らが感じているジレンマを取り去るための**必要条件**《シネクアノン》である。

冒頭で、私は顕著な歴史的事実に言及した。社会的な関心や活動の領域が、部族であれ、市民的コミュニティであれ、それらと偶然に一致《コウィンシダンス》することは姿を消すようになった。世俗的《セキュラー》な関心や活動は、組織化された諸宗教の外側で成長し、それらの権威から独立している。

これらの関心にある人間の思考《ソーツ》や欲望を保持する力は、これまで組織化された諸宗教の社会的重要性をひとつのコーナーに押し込めてきた。そのために、このコーナーのエリアは減少している。

このような変化は、当然のことながら伝統的な宗教に関して、その価値を宗教的と呼べる場合もある、あらゆるものの恐るべき衰退《すいたい》のようなものを特徴づけるか、あるいはそれは、新しい基準で、しかも新しい見通し《アウトルック》を伴ったこれらの質の拡大のための機会を準備しているかのどちらかである。

リップサービス、人間に共通する兄弟の間柄という観念、分割の概念　原典83－84頁

次のような現実《ファクト》は無視できない。それは、歴史的にキリスト教は、これまで羊と山羊、(訳注64) 救われる者と見捨てられる者、選ばれる人と大衆とを分離することに深くかかわってきたことである。

スピリチュアルな貴族主義は**自由放任**《レッセフェール》と同じで、自然な、しかも人間的な介入について言えば、深くキリスト教の伝統の中にはめ込まれている。これまでリップサービス――しばしば、リップサービス以上のもの――がすべての人間に共通する兄妹の間柄《ブラザーフッド》(訳注65)という観念に与えられてきた。ところが、教会の囲いの外側の人々や、超自然的なるものを用いた信念を当てにしない人々は、これまではあくまで潜在的な兄妹としてしか見なされてこなかった。それでもなお、彼らはこの家族への養子縁組を求めている。

私は、これまで超自然的なキリスト教を縛りつけてきた基礎をなす分割《ディヴィジョン》の概念を放棄せずに、人間的な出来事に関して生き生きとした道徳的でスピリチュアルな理想としての民主主義的な理想の実現が、どうしたら可能になるかを理解できない。

いくつかの比喩《ひゆ》的な意味は別にして、我々がすべて兄妹であろうとなかろうと、我々は何はともあれ、すべて同じ荒海に漂《ただよ》う同じボートの中にいるのである。この現実から出てきた潜在的な宗教的重要性には、計《はか》り知れないものがある。

まとめ

最初の章で、私は宗教と宗教的なるものとを区別をした。私は、そこで次のように指摘した。それは、宗教――あるいは諸宗教――には信念や習慣《プラクティシズ》、組織のモードが含まれていて、それらは、諸宗教がその中で発展してきた文化の状態によって、経験の中の宗教的要素にしだいに殖えて、それまでそれに積まれてきたものであるということである。

私は、宗教的な質を、その周りにそれまでに成長し、宗教の信用や影響力を制限している付着物《アクリーションズ》から解放するのに、いまや諸条件はその機が熟している、と強く主張してきた。

原典84－85頁

第2章では、私はこの考え方を、経験の宗教的価値に内在《イマネント》している理想にある信仰に関連させて発展させた。それによりこの信仰のパワーは、もし信念が次のような概念性から解放されるのであれば、高められるだろう、と主張してきた。その概念性というのは、理想の重要性や妥当性が理想が何か超自然的、あるいは形而上学的意味で、まさにその実在性《イクジステンス》の枠組みの中に前々から具現化されているという命題に知性的な同意で結びつけられている、というものである。

本章で触《ふ》れた事柄は、以前に述べた、すべてをそれ自身のなかに含んでいる。それは、それが否定的でも、また肯定的でも、その両面においてそうである。

我々が、まだ生まれていない人々とともに、巻《ま》き込まれる原因と結果のコミュニティは、想像力が宇宙と呼ぶ存在するもの《ビーイングズ》の神秘的全体性の最も広く、深いシンボルである。そこは、知性《インテレクト》が把握《はあく》することできないあの包《つつ》み込むような実在性《イクジステンス》の広がりが、感覚や思考《ソート》のために具現化されたものである。そこは、我々の理想的向上心が生まれ、育てられる基盤《マトリックス》である。そこは、道徳的な想像力が、指導的規準《クライテリア》や方向づける目標《パーパスイズ》として投影する諸々の価値の資源である。存在するもの《ビーイングズ》のこのような包括的なコミュニティに持続している生命《いのち》は、科学や芸術における人々の意味のある業績と、交際やコミュニケーションの優しい役割をひとつ残らず包含している。

これは、我々の理想信仰に、証明可能《ヴェリファイアブル》な知性的サポートを与えるような題材《マテリアル》をすべてその内容として所有している。この題材に基づいて作られた、「信条」のようなものは変化し、成長するであろうが、それはぐらつくはずはない。それが放棄《ほうき》するものは、新しい光を理由に喜んで諦《あきら》めるのであり、嫌々ながらの譲歩《じょうほ》としてではない。

原典85－86頁

それが付け加えるものは、新しい知識が我々の生活目標の形成や遂行《すいこう》に関係する諸条件に向けて、さらなる洞察を与えるという理由から付け加えるのである。

十八世紀の「個人主義」のある種の反映である一面的な心理学は、知識を仲間のいない人《マインド》が達成したようなものと見なした。

我々は、いまや知識はともに生きている人類の協同的で、コミュニケイティヴな作用の産物のようなものであることに気がつくはずである。このコミュナルの正体は知識の正しいコミュナルな使用の指示のようなものである。

どんな時代であっても、知られたことを、不可能で永遠のそして抽象的なことを基準《ベイシィス》にするのではなく、それの人間的な欲望や目標の統一に関係するようなことを基準にして統一することは、人間的受容に十分な信条のようなものを用意し、それは知識に宗教的な救済《リリース》のようなものや補強《リーインフォースメント》を準備することになる。

実践的信仰

「不可知論」というのは、超自然的なるものを覆《おお》い隠《かく》すことによって投げかかられた、いわば影のようなものである。もちろん、我々が知らないことを知らないと認めることは、すべての知性的な真摯《しんし》さに必要なことである。

しかし一般化された不可知論は、単に超自然的なるものを中途半端に削除しただけである。その意味することは、その知性的な見通《アウトルック》しがもっぱら自然界に向けられた場合に、例外なく外れてくる。

それが、そのように自然界に向けられたとき、我々がそれに関しては知らないと言わなければならない多くの特定の事柄がある。つまり我々は、ただ探究《インクァイリー》するだけで将来的に探究が確認するか、あるいは拒否するか、諸々の仮説をつくるだけである。

それでも、そうした諸々の懐疑は、知性の方法では、信仰には付帯的《インシデント》なものである。これらは、信仰のサインであって、青白い無力な懐疑主義のサインではない。

我々が疑うのは、**我々**が知ることができることを、どんなことでさえも、我々が見つけ出そうとするから疑うのであって、それは背後に何かの近づきがたい、超自然的なるものが潜んでいるという理由から疑うのではない。

原典86－87頁

理想目的を用いた実践的《プラクティカル》信仰についての本質的な背景は、積極的であり、外に広がっている。

コモン・フェイス

本章で提出した考察は、これらの理想目的が何を意味するかに要約されてもよい。我々が我々自身の信仰を結びつける理想目的は、影のようなものでもなければ、揺《ゆ》らめくようなものでもない。それらは、我々のお互いの関係や、それらの関係に含まれる価値を理解することの中に、具体的な形式をとっている。

いまを生きている我々は、遠い過去にまで及んでいる人間性の一部であり、自然と相互作用《インターアクティド》してきた人間性のようなものである。文明の中で、我々が最も高く評価するものは、我々自身のものではない。それらは、絶え間ない人間のコミュニティの営みや苦しみのおかげで、実在するものである。その中では、我々がひとつの環のようなものになっている。

我々にあるものは、次のような責任である。それは、我々が受けとった価値の遺産を保存し、伝達し、調整《レクティファイング》し、拡大することであり、それは、我々の後に来る人たちが、我々がその遺産をそれまでに受けとったよりも、もっとしっかりとした、安全で、もっと広く、手に入れやすく、しかももっと寛大に共有されるように、その遺産を受けとれるようにすることにある。

ここに、セクトや階級や民族に決して限定されない宗教的信仰のためのすべての要素がある。そうした信仰は、かねてから暗黙《あんもく》のうちに人類のコモン・フェイスとなっていた。残されているのは、それをはっきりさせ、戦闘的にすることである。

歴史上 (in history)　1,30,41,61,91
歴史的 (historic, historical)　1,2,3,6,8,9,10,29,30,31,33,41,56,61,67,81,83,84
歴史的に（言えば）(historically)　42, 75
レクレーション (recreation)　65
連想される（させる）(associated)　52
連想されること (associations)　51

ろ

労苦 (toil)　56
ロシア (Russia)　60
ロマンティック (romantic)　25,47,65
論及 (reference)　19
論点 (issue)　35,66
論点先取 (begs the question)　35
論理 (logic)　6,40,79,81
論理学 (logic)　8
ロシア (Russia)　60
ローマ (Roman)　4
ローマ (Roman churches)　4,34
ローマ・カトリック教会 (Roman Catholic)　1,67

わ

環 (link)　87
わきへそらせること (diversion)　74
枠組み (framework)　26,85
分ける (division)　34
煩わす (encumber)　44

人　名

アインシュタイン (Einstein)　63
イエス (Jesus)　36
ウィリアム・ジェームズ (William James)　19
ウィリアム・ブレイク (William Blake)　36
ウイルバーフォース（Wilberforce）48
カント (Kant)　11
クラレンス・エアーズ (Clarence Ayers)　75
コペルニクス (Copernicus)　63
サンタヤーナ (Santayana)　17,18
ジョン・ロック (John Locke)　20
ジェイムズ・ヘンリー・ブレステット (James Henry Breasted)　55
スコープス (Scopes)　64
スティーブンソン (Stevenson)　49
スピノザ (Spinoza)　14
ダーウィン (Darwin)　63
ニュートン　(Newton)　63
ハワード（Howard）48
ピーボディ（Peabody）48
フローレンス・ナイチンゲール（Florence Nightingale）48
ヘッケル　(Haeckel)　55
マシュー・アーノルド (Matthew Arnold)　54
モールス (Morse)　49

より善きもの (the better)　23

ら

楽天家 (optimistic soul)　24
楽天主義 (optimism)　12,46,47
楽天的 (optimistic)　46

り

リアリティ (reality)　12,21,24,40,41,43,44,79,81
リアル (real)　21,33,71
理解、理解する（の、こと）(realization) 28,35,80
理解される (realized)　8,19,32,48,50,82
理解すること (understanding)　57,87
理解力 (understanding)　26,56,76,82,
理神論 (deism)　4
理神論者 (deist)　1
リズムのある (rhythmic)　37
理性 (reason)　20,64,65,79
理想化する (idealize)　48
理想化する (idealizing)　41,48,71,82
理想化すること (idealization, idealizations)　25,73
理想価値 (ideal values)　41,43,44,45,46,90
理想主義 (idealism)　24
理想信仰　85
理想的（な）(ideal)　8,9,18,19,21,23,24,41,42,43,44,45,48,50,52,70,73,75,80
理想的なるもの (the ideal)　44,50,52
理想目的 (ideal end,ideal ends)　20,22,27,33,42,43,44,45,47,48,51,52,56,57,87
リップサービス (lip service)　84
リフォームされる (rebuild)　16
リフレッシュ (refreshing)　79
リベラリズム (liberalism)　34
リベラル (liberal)　30
リベラル派 (liberal)　10,32,33,34,40,72,73
理由 (reason)　2,19,,28,,37,38,46,52
理由 (score)　42
領域 (province)　35,83
領域 (realm, realms)　34,38,41,73,83
領域 (region)　34,35,49,78
良心 (conscience)　1,55,56,67,68
領土 (territory)　34
理論 (theory)　35,36,38
倫理的 (ethical)　8,29
理想 (ideal, ideals)　10,18,19,20, 21,22,23,24,25,27,28,32,33,41,42,43,44,45,46,47,48,49,50,51,52,53,54,56,57,70,71,73,75,80,82,84,85,87

る

ルネサンス (Renaissance)　64

れ

レ　ルリジュー (les religieux)　23
霊魂の不滅 (immortality)　1,31,64
霊的交わり (communion)　25,36,60,67,68,73
歴史 (history)　1,3,5,30,31,35,46,6172
歴史家（historian）　55,61,75

面前 (presence)　37

も

モード(mode)　15,37,38,39,40,41,59,62,63,80,84
目的 (purpose, purposes)　5,14,16, 25,31,38
目的 (end, ends)　5,10,11,14,16,18,19,20,22,23,24,27,33,41,42,43,44,45,46,47,48,49,50,51,52,53,54,56,57,71,79,82,83,87
目標 (purpose, purposes)　18,19,20,36,48,57,62,82,85,86
用いられる (adapted)　56
持ち込むこと (importation)　35,78
モチベーション (motivation)　5,66
基づくもの (foundation)　37
物足りなさ (growing)　11
問題 (issue)　70,75,83
問題 (matter, matters)　20,21,38,40,44,47,52,62,66,67,77,79
問題 (problem)　45,75
問題 (terms)　49
問 題 (question, question, questioned) 2,3,22,30,31,32,33,34,35,37,42,43,49,53,61,63,68,71,72,78,81
問題がある (objection)　80
問題点 (consideration)　68
問題点 (issue)　43
問題点 (question)　35
問題とされる、問題の、問題になっている (in question)　21,29,37,40,61
問題の (point)　3,21,31,37,40,42,79
問題の核心 (issue)　42

や

役割 (rôle)　73,
役割 (office)　85
野心（ambitious）　55
やり方 (way, ways)　4,6,7,14,46,48,53,65,82,83

ゆ

友愛 (friendship)　10,51,54
有機体 (organism)　76
有機的 (organic)　17,57
有神論 (theism)　31,64
有神論者 (theist)　1
有利な立場 (advantages)　70
ユダヤ教 (Judaism)　9,42
ユダヤ人 (Judaism)　60

よ

要求する権利 (claim)　83
養子縁組 (adoption)　84
様式 (form, forms)　5,10
様相 (form, forms)　73
容認される (acceptance)　3
ヨーガ (Yoga)　36
抑圧 (repression)　18
抑圧的 (repressive)　18
欲望 (desire)　33,65,83,86
善さ、善い (good, goods)　45,46,47, 48,51,54,71
予想する (anticipatory)　20

み

見えないパワー (invisible power)　3,4,6,7,15,23,88,89
見方 (view)　56
ミステリー (mysteries)　26
見通し (outlook, outlooks)　8,17,66,83,86
認めること (acknowledge)　20,21,79,86
認めること (recognition)　3
民主主義的 (democratic)　84
民族 (people)　8
民族 (race)　87
見出されている (exist)　81

む

無意識的に (unconsciously)　82
無意識の (unconscious)　19
無関係の（な）(irrelevant)　9,53
無関心 (indifference)　39
無差別の (wholesale)　68
むさぼるもの (usurpation)　72
無視 (defiance)　53,57
無視される (neglected)　71
無視してきた (ignored)　67
無視してもよい (negligible)　53
無視する (neglectful)　42
無視する、無視している (ignore)　74,75,84
無宗教 (no religion)　12
矛盾 (inconsistency)　83
無神論 (atheism)　52,53
無神論者 (atheist)　14
結びつき、結びつく（こと）(connection)　14,18,30,53,59,66,80
結びつけられる (allied)　1
結びつける (binding)　53
結びつけるもの (link)　76
無駄である (futility)　74
無知 (ignorance)　34,76
無味乾燥な (matter of fact)　44
無力 (impotent)　24,86
無力感 (impotency)　46
役に立たない (incompetency)　27

め

名詞 (term)　3,8,9
迷信 (superstition)　8
迷信の (superstitious)　5
名声 (prestige)　37
命令的 (imperative)　8
メカニカリズム (mechanicalism)　55
メカニカル (mechanical)　54,55
メカニズム (mechanism)　24,55
目に見えない (unseen)　3,4
目に見えない、より高いパワー (unseen higher power)　3
目に見えないパワー (unseen power, unseen powers)　3,6,7
目に見えないもの (not seen things, things not seen)　6
目に見えないもの (the unseen)　6
メラネシア人 (Melanesians)　4
免罪 (indulgences)　34

分裂のようなもの (division)　73

へ

平和 (peace)　13,71
ペテン師 (imposter)　8
ヘブライイズム (Hebraism)　54
ヘブライ人 (Hebrew)　59
ヘブライの預言者 (Hebrew prophet) 4
ペルー人 (Peruvians)　4
ヘレニズム (Hellenism)　54
変質 (transmutation)　47
変貌 (transformation)　47

ほ

崩壊 (corruption)　46
包括性 (inclusiveness)　23
包括性 (inclusiveness)　27
包括的（な、に）(inclusive)　16,22,23, 33
包括的な (comprehensive)　85
方向づけ (orientation)　13,15
方法 (manner)　6,14
方 法 (method, methods)　11,13,26,30, 31,32,33,34,35,37,38,39,40,56,73,76,77,78, 79,86
法律的 (legal)　65,73
法律的に (legally)　65
暴力 (force)　7
補強 (reinforcement)　50,54,86
保護 (guardianship)　65
保証（するもの）(assurance)　23,26, 80
保証された (guaranteed)　45,48
保証する (vouch)　10
保証となるもの (guarantee)　45,48
没入 (absorption)　36
本質 (nature)　35,66
本質的 (substantive)　3
本質的（な）(intrinsic)　17,32
本質的（な）、本質的なもの (essential) 26,31,47,65
本質的に (in essence)　3,17,24,25,26,31, 32,43,47,64,65,87,91
本質的には (essentially, essentials) 24,25,43,64
本質的には , 本来は (primarily)　21,67
本性 (nature, natures)　20,21,25,33,44, 66,72,79
本物であること (authenticity)　10,12
本来備わっている (inherent)　26
本来備わっている (intrinsic)　23,71
本来的な（もの）、本来の、本来のもの (inherent)　13,83,91
本来の姿 (natural)　75
本来は (inherently)　21,67,79

ま

マイナスの (negative)　76
前に (presence)　50
的はずれな (irrelevant)　50
マナ (Manna)　4
回り道 (diversion)　80
満足感 (plenitude)　17

広がり (scope)　85
広く行き渡り (general)　23
ヒンズー教 (Hindoo)　36
品性 (character)　55,56

ふ

ファンタジー (fantasy)　43,51,57
ファンダメンタリスト (fundamentalist)　32,40,63
不安定な (unstable)　72,73,74
風俗壊乱 (demoralization)　74
風潮 (current)　72
風潮 (climate)　56
フェティシュ (fetish)　4
不可知論 (agnosticism)　29,86
福音 (gospel)　77
複合体 (complex)　13
服従 (submission)　7,15,16,67
含み (import)　20
含みの多い (comprehensive)　23
不信仰者 (unbeliever)　5
付随して起こる (supervenes, supervene) 17,18,22,37,43
付随して起こること (supervening)　17
付随する (pertain)　16,68
付帯的なもの (incident)　86
再び戻ること (return)　69
負担（のようなもの)(load)　9,12
付着物 (accretions)　17,84
仏教 (Buddhism)　4
仏教徒 (Buddhists)　12
不都合 (consequences)　62,71,76
不都合になる (adverse)　39
物質的 (material)　55,80
物理学の（的な、的なもの) (physical) 22,25,38
物理的（な、の) (physical)　45,49,54, 55,76,78
物理的なるもの (the physical)　44
不適切 (irrelevance)　79
不道徳 (immoral)　75
不動の動者 (the unmoved mover)　4
腐敗 (corruption)　83
腐敗 (depravity)　72
普遍性 (universality)　7,8
普遍的 (catholic)　82
普遍的 (universal)　8,18,26
フレーズ (phrase)　10
プロテスタンティズム (Protestantism) 67,69
プロテスタント (Protestant)　1,5,30,36
プロテスタント教会 (Protestant Churches) 67
文化 (culture)　1,6,13,17,35,36,40,44, 56, 59,84
文学 (literature)　2,30,59
文学の、文学的な (literacy)　31
分割 (division)　84
文化的 (cultural)　38
文献 (literature)　29,30,31,32
文献的 (literacy)　30,32
文献批評 (literacy criticism)　31
文明 (civilization)　87
分野 (field)　11,35
分離（すること）(separation)　44,48, 84
分離させる (separate)　2
分離する (disassociated)　65,80

能力 (capacity)　25,40
能力がある (capable)　51
望む (desire)　22
乗り換え (transfer)　15

は

背景 (background)　70
廃止 (abrogation)　36
背信行為 (apostasy)　67
胚のようなもの (embryonic)　51
激しい (intense)　36,51,79,80
激しさ (intensity)　27
外すこと (release)　44
外すこと (dislocation)　15,44
外れてくる (departs)　86
外れること (deviations)　63
働き、働きかけ (agencies)　76,81
働かせること (exercise)　81
発生 (occurrence)　45,76
発生 (generation)　78
発言 (remark)　32
はめ込まれている (embedded)　21
範囲 (ken)　35
範囲 (scope)　16,66
範囲 (sphere)　83
反映 (reflex)　43,65,75,86
半神的ヒーロー (semi-divine heroes) 4
反省 (reflection)　14,19,21,24,31,32
半 - ヒステリー状態 (semi-hysteria) 35
反 - キリスト教的　68,88
場所 (locus)　70,71
バビロニア人 (Babylonians)　59
万神殿 (Pantheons)　4
バージョン (version)　73
パラレル (parallel)　73
パリパス (pari passu)　67
パースペクティブ (perspective) 14,24,26,60,64
パーソナリティ (personality)　45,48

ひ

悲観主義 (pessimism)　46
悲観的 (pessimistic)　46
非 - キリスト教的 (non-Christian)　68
非 - 宗教的な (non-religious)　9,62
秘蹟 (sacraments)　1,34,36,63
必死の (desperate)　64
必要条件 (a sine qua non)　83
人、人々 (mind, minds)　15,33,64,65,86
人の注意を奪う (engrossing)　79
批判、批判すること、批評 (criticism) 36,48,80
批判してきたのは (criticizing)　48
評価 (estimate)　57,73,74,82,87
表現 (terms)　12
表現（する) (expression)　6,80
表現（する、している、される) (express) 4,6,17,37,73
表現される (expressed)　18,25
表現的 (expressive)　19
平等 (equality)　81
平等な (equal)　83
表明（する) (manifestation, manifestations)　3,6,81,88,89
表明される (manifested)　6
非 - 理想的 (non-ideal)　42,43

21,22
道徳的預言者 (moral prophet)　49
逃避 (escape)　52
同盟すること (alliance)　82
独自の (sui generis)　14
特性 (character)　15
特性 (properties)　4,43
特性 (traits)　6
特徴 (characters, characteristic) 3,12, 42,43,47,64,73
特徴 (features)　26
特徴 (note)　16
特徴 (traits)　15
特徴は (distinctive)　55
ドグマ (dogmas)　1,5,26,39,44,46
ドグマ的 (dogmatic)　39
土台 (foundations)　20
土台 (basis)　2
特権 (concession)　51
取り付けること (attachment)　46,79
努力（する）(effort, efforts)　26,43,47, 48,49,51,64,68,71,76,79,82
努力、努力する、努力すること (endeavor, endeavors)　16,23,25,26,41, 46,54
努力した (striving)　51
努力する (strive)　24,25,53,76

な

内在している (immanent)　85
内在する (inhere)　87
内在的 (immanent)　71
成し遂げられている (accomplished)　61
成し遂げる (accomplish)　50,82
成し遂げる (effect)　15
馴染み深い (familiar)　44
納得させられた (convinced)　64
納得させる (convincing)　64

に

肉 (flesh)　72
二者択一 (alternative)　81,82
認可が与えられる (chartered)　62
人間学 (anthropology)　2,31
人間主義的（な）(humanistic)　53,54
人間性（humanity）　50,54,87
人間性心理学 (anthropology)　44

ね

願い (desire)　79
熱意 (eagerness)　79
熱意 (élan)　81
熱意 (zeal)　79
熱狂 (fanaticism)　22
熱心である　2,88
熱烈 (ardor)　27
熱烈に (ardently)　22
熱烈に (ardor)　27
狙い (aim)　37,50
念頭 (in mind)　8,53

の

能動的（な）(active, active)　16,17,51, 52,83
能力 (ability)　81

定義されている (defined)　20,34
停滞 (depression)　9
手がかり (hold)　71
敵 (enemy)　81
敵 (foes)　81
適合 (adaptation)　15,17,38
適合する (adapted)　16,38
出来事(affair, affairs)　66,68,69,77,82, 84
出来事 (event, events)　13,31,41,69,70,79,81
出来事 (happenings)　25
出来事 (occurrence, occurrences)　37,38,69
適切でない (irrelevant)　27
適切なことである (pertinent)　19
敵の (hostile)　53
適用性 (application, applications)　63,77
手だて (means)　17
出所 (source)　2,3
哲学 (philosophy, philosophies)　21,59
哲学者 (philosophers)　33
哲学的（な）(philosophical)　14
テネシー州 (Tennessee)　64
転機 (crises)　35
天国 (heaven)　63,70
天使 (angels)　34
伝説 (legends)　59,60
伝統 (tradition)　17,25,60,84
伝道者 (promulgators)　59
伝統的 (traditional)　1,2,25,40,44,46,47,51,52,57,72,78,83
天文学 (astronomy)　30,31

と

問い (question)　42,44,45,55
同意 (assent)　21,31,33,85
同意語 (synonyms)　15
同意する (agree)　45
同意する (assent)　20,29,45
統一（するようなもの）(unification)　19,27,33,36,42,43,86
統一、統一する (unity)　5,8,42,43,60
統一される、統一された (unified)　51
同一視（する）(identify)　45
同一視（すること）(identification)　2,28,39,45,47,48
統一する (unify)　22,42,43,52,86
統一体のようなもの (whole)　36
投影 (projection)　18,19,48
投影されてきた (projected)　73
投影する (project, projection)　48,85
道教の信者 (Taoists)　12
統合される (consolidated)　70
統合される (integrated)　70
統合する (integration)　19
問うこと (inquire)　6,15
同語反復 (tautology)　79,80
洞察する (insight)　18,69,86
到達 (attainment)　7,21,33,39,40,47,74
到達点 (attainment)　56
道徳性 (morality)　22
道徳的（な）(moral)　5,7,9,10,12,18,20,23,26,41,42,43,45,52,53,68,69,70,77,78,84,85
道徳的信仰 (moral faith, moral faith)

地位 (standing)　40
地位 (status)　21,68,73
知覚 (perception)　52
力 (force, forces)　2,4,5,6,7,8,12,14,17,18,19,20,22,23,24,25,26,27,29,30,33,40,41,42,43,44,45,46,47,48,49,50,51,52,53,56,60,61,62,63,64,65,66,68,69,70,71,76,77,78,79,81,82,83,84,85,86
蓄積 (fund)　82
知識 (knowledge)　2,6,19,20,26,30,33,34,35,37,38,39,41,48,49,51,56,57,62,63,76,82,86
地質学 (geology)　30
地質学上の (geological)　31
知性 (intellect)　20,21
知性 (intelligence)　25,26,32,39, 40, 47, 52, 56, 57, 76, 77,78, 79, 80, 82,86
知性的（な）(intellectual)　9,17,20, 21, 31,33,56,57,85,86
知性的（な）同意 (intellectual assent) 31,33,85
知性的には (intellectually)　6
注意 (remark)　9
注意（を向けること）(attention)　36, 46,47,61,69
忠実さ (allegiance)　23,33,39
忠誠 (loyalty)　39,43
注入されたもの (indoctrination)　3
超越主義 (supernaturalism)　64,65
超越的な、超越した (superior)　37,73
超 - 神的存在者 (super-divine Being) 36
徴候 (symptoms)　69
超自然主義 (supernaturalism)　52,53, 69,80
超自然的存在者 (supernatural Being, supernatural being)　1,13
調整 (adjustment)　13,14,15,16,19,82,87
調整 (rectification)　7
調整される (rectified)　82
調整する (rectifying)　88
調停者 (arbiter)　31
調和 (consonance)　25
調和させること (harmonizing)　16
調和すること、調和している (harmonizing)　18
直感力 (vision)　20
治療法 (cures)　37
治療法 (remedy, remedies)　67,77,82,
超自然的（な、なる）(supernatural) 2,3,12,13,19,20,27,28,31,47,50,55,70,71,72,73,74,75,76,79,84,85
超自然的なるもの (the supernatural) 1,2,3,22,24,30,35,38,44,46,47,50,51,56,57,64,65,66,69,70,71,76,78,79,80,81,82,84,86

つ

通路 (channel)　29
都合が悪い (adverse)　22,70
都合が悪い (unfavorable)　24
努める (unfavorable)　16
繋がれている (link)　49
罪 (sin)　12,31,53,74,75

て

定義 (definition)　3,4,7,23,24

その場の状況 (circumstances)　16
尊敬 (respect)　45
尊敬 (reverence)　3,4,6,7,25
尊厳 (dignity)　25
存在(being)　12,13,15,16,17,18,19,20, 21, 44
存在 (existence)　11,13,31,33
存在者 (beings)　42,60
存在者 (Being)　1,4,13,36,37,41,42,43, 45, 48
存在する (exist)　11,12,48,49
存在するもの (beings)　85
存在物 (the existent)　48
存在論的 (ontological)　11

た

対応 (correspondence)　44
対応する (corresponding)　4,80
対応する (respond)　29
体験 (experience)　14
対抗して (re-act)　16
題 材 (material, materials)　20,38,41, 51,85
対策 (arrangements)　82
大衆 (mass, masses)　45,84
堆積物 (deposit)　13
態度 (attitude, attitudes)　6,9,10,15,16, 17,23,24,25,39,42,43,44,53,56,66
態度 (bearings)　57
互いに浸透する (interpenetrate)　18
巧みに操作する (manipulation)　41
助け (aid)　36
助けを求める (aid)　76
立場 (position)　3,10,40,47,70,71,72,82
立場 (standpoint)　29,30,62
達成 (accomplishment)　19,39,41,52, 56, 61,68,77,81,86
達成される (effected)　68
達成される（ている）(accomplished) 68,88
達成する (accomplish)　77
達成する (achieve)　81
頼みとするもの (recourse)　15,38,74
魂 (soul)　31,53,68,78
頼る (recourse)　44,46
頼ること (resort)　52
頼ること (drawing upon)　12
堕落 (corruption)　5,21,30,40,67,72,74,78
堕落した（している）(corrupt)　72
段階 (degree)　40
探究 (exploration)　46
探究 (inquired)　48
探 究 (inquiry)　13,26,31,32,33,35,37,39, 56,75
探求 (search)　45,46
探究される (inquired)　35
探究する (inquiry)　86
断食 (fasting)　35
団体 (body, bodies)　59,64
団体 (societies)　64
他を頼りとしない自主的 (sustaining) 54

ち

地位 (places)　81
地位 (position)　83

生命を吹き込む (animate)　4
聖霊 (spirit)　7,68,72
責任 (responsibility)　22,46,67,79,87
責任がある (responsible)　46,59
セクト (sect)　37,87
世俗化 (secularization)　67,68,69
世俗主義 (secularism)　64
世俗的 (secular)　61,62,65,66,69,70,83
世俗的なるもの (the secular)　72,74
説得力 (force)　8
絶望 (despair)　12,15,53
絶望的 (desperate)　79
説明 (account)　59
説 明 (explanation, explanations)　13,31,70
説明 (version)　31,33
摂理 (Providence)　4,24
セレモニー (ceremonies)　40,59,60
僭越なもの (presumptuous)　53,54
先験的な (transcendental)　40
潜在能力 (capacity)　24,49,81
前哨地点 (outpost)　32
前進 (advance)　72
善性 (goodness)　47,48
全体性 (totality)　18,19,85,98
選択 (choose)　7,55,81
選択すること (selection)　54,57
選択的 (selective)　53,54,57
センチメンタル (sentimentally)　46
前提 (assumption)　41
前提 (premise)　75
専念すること (devotion)　14
全能性 (omnipotence)　25
専門家 (expert)　12
専門家 specialists)　62
専門職 (professionals)　64
専門用語 (term)　51

そ

相互（の）(mutual)　56,73
相互依存 (mutual dependence)　73
相互作用してきた (interacted)　87
相互性 (interaction, interactions)　26,49,50
創設者 (founders)　60
想像上の (imaginary)　49
想像上の (supposed)　32
想像的（な）(imaginative)　18,19,43,50
創造的神話 (creation myths)　31
想像的に (imaginatively)　18
想像力 (imagination)　6,17,18,19,22,23,33,41,42,43,48,49,52,53,60,71,82,85
増大 (growth)　30
増大、増大すること (increase)　8,24,56,57,61,74
増大している (growing)　32,67
装置 (apparatus)　13,17,26,29,30,44
属性 (attributes)　41,42
俗説 (popular belief)　44
素材 (stuff)　49
組織 (organization)　9,60,61,62,64,65,66,67,68,80,82,83,84
組織されたる、(化された) (organized)　10,20,60,67
外に広がっている (outreaching)　87
その結果生じる (consequent)　53
その結果もたす (result)　76

,19,20,22,23,24,27,28,29,30,31,32,33,34,38,39,40,44,45,46,47,55,56,57,59,60,61,63,66,68,69,74,78,84,85

す

衰退 (decline)　37,83
衰退 (degeneration)　68
推理 (inference)　12,13
推量 (surmise)　12
推論 (inference)　76
推論 (reasoning)　11,38
スー族 (Sioux)　9
崇拝 (worship)　3,4,7,8,10,53,54,60
姿 (nature)　32
スコープス裁判 (Scopes trial)　64
図式(scheme, schemes)　21,23,24,26,53
ストア派 (Stoical)　16
スピリチュアル (spiritual)　42,43,52,70,72,74,80,84
スピリチュアルなるもの (the spiritual)　73
スピリッツ (spirits)　4,5
すべてでなければ納得しない
(all or nothing)　55

せ

成果 (purposc)　25
成果 (results)　56
性格 (character, characters)　2,3,24,38,40,41,42,43,48,57,69
性格 (natures)　22
生活 (life, lives)　9,27,50,60,63,65,68,71,73,74
生活目標 (life purpose)　86
正義 (justice)　54
正義 (righteousness)　5,21,44,45,47,49,54,79,81
制裁 (sanction)　45,73
政策 (policy)　81
政治（politics）　74,78
性　質 (nature)　1,2,7,23,24,34,38,41,55,78,80
政治的（な）、政治（の）（political)　10,60,61,62,63,68,69,73,82,83
聖書 (Scriptures)　1
聖職者 (priesthood, priesthood)　59,60
聖人 (saints)　34
精神 (spirit)　23,27,29,66
制すること (mortification)　5
生存 (existence)　27,55
成長 (growth)　2,17,50,51,56,57,62,64,66,71,72,77,78, 81,83,84,85
制度 (institution, institutions)　2,6,48, 60,61,65,68,75,76,79,80
正当化 (justification)　19,30,33
正当化される (justified)　32,97
正当化される (sanctioned)　60
正当化する (justify)　11,20,64
正当化する (justifying)　20,34
正当性 (validity)　12,29,44
制度的（な）(institutional)　9,17,30,68,75
生物 (life)　76
生物学 (biology)　30,31
生物学的 (biological)　64
生命 (life)　12,26
生命力 (vitality)　82

新事実 (revelation)　72
真実 (true)　80
信者（たち）(believer, believers)　12, 29, 65, 66
信条 (creed, creeds)　22,28,31,32,41,62, 63,85,86
心情 (heart)　36
信条 (tenet)　32
信じる (believe)　7,20,22,82
人生 (life)　13,14,17,18,25,41,44,45,56,57
神聖 (sacred)　2,13,29,39
神聖でない (profane)　66,70,72,74
身体の (physical)　81
神的 (divine)　4,36,37,41,42,68
神的存在者 (divine beings)　36,60
神的な聖霊 (divine spirit)　68
神的なもの (divine)　37,50,53,54,68
神的なるもの (the divine)　47,50,72,73
神道 (Shintoism)　4
侵入したこと (encroachment)　65
神秘主義 (mysticism)　36,38,52
審美的 (æsthetic)　10,36,69
神秘的 (mysterious)　85
神秘的 (mystic)　35,36,38,52
人物 (person, persons)　2,41
新プラトン主義 (Neo-platonism)　36
進歩 (advance)　1,40,68,69
進歩 (rise)　11
進歩の遅いということ (backwardness) 34
シンボリズム (symbolism)　40
シンボル (symbols)　40,41,82,85
真理 (true)　29
真理（truth, truths）1,19,20,21,26,29,32, 33,35,39,44,49,54,72
心理学 (psychology)　2,31,35,44,86
心理学者 (psychologist)　22
心理学的に (psychologically)　19
侵略される (invaded)　35
人類（human beings）49,62,80,81,86
人類（man）30,65
人類（mankind）1,24,27,67,79,87
神話（myths）31,59
真 (true)　20
召命（callings）23
事実 (fact, facts)　3,4,5,9,10,18,19,21,22, 25,26,27,30,31,32,33,34,35,37,41,43,44,45, 46,49,51,52,53,61,62,66,67,72,73,74,75,76, 83,84
宗教 (religion, religions)　2,3,4,5,6,7,8,9, 10,11,12,14,15,17,18,19,20,22,23,24,25, 26, 27,28,29,30,31,32,33,34,35,36,37,38,39,40, 41,42,43,44,50,52,53,54,55,56,57,58,59,60, 61,62,63,64,65,66,67,68,69,70,71,72,73,74, 78,79,80,81,83,84
宗教的（な、に）(religious)　1,2,3,6,8,9, 10,12,14,15,17,20,22,23,24,25,26,27,28,29, 30,31,32,33,34,36,37,38,39,40,43,44,50,53, 56,57,58,60,62,64,66,67,68,69,70,71,72,73, 74,79,80,83,84,85,86,87
重要（性）(import, important, importance)　13,14,17,22,23,28,42,45,53,59,60, 61,62,65,69,70,71,75,80,83,84,85
条件 (condition, conditions)　6,9,12,13, 14,15,16,18,19,22,24,25,26,27,33,36,38,39, 41,45,46,48,49,50,51,52,54,55,57,61,62,63, 66,81,82,83,84
信念 (belief, beliefs)　1,2,3,6,7,9,10,11,14

循環 (circular)　40
循環的な (circular)　38
純粋性 (genuineness)　13
純粋な (genuine)　24,40
純粋な (pure)　1
純粋に (genuinely)　2,9,42
純粋に (purely)　13,62
順応 (accommodation)　15,63
順応させられる (accommodated)　16
順応する (accommodate)　15
順応する (accommodating)　16
浄化 (purification)　60
障害、障害物 (obstacle, obstacles)　27,77,78
障害物 (obstruction)　76
浄化する (purify)　79
衝撃 (impact)　31,32,34,56
証拠 (evidence)　21,38,41,45,74,79
条項 (article, articles)　22,34,41,63
状態 (condition, conditions)　69,73,74,75,79
状態 (estate)　41,42
正体 (origin)　43,86
状態 (state, states)　6,35,36,37,47,48,70,72,82,84
情緒 (emotion, emotions)　3,13,15,22,42,43,44,50,51,52,57,69,78,79,80,82
情緒的な（な）(emotional)　3,13,43,57,78
情緒的に (emotionally)　93
昇天 (ascent into heaven)　31
衝動 (impulse)　47,81
衝突 (impact)　62
情熱 (ardor)　71,79,81
情熱的 (passionate)　79
情熱的知性 (passionate intelligence)　79
情熱的な（に）(intense)　22,80
証明 (proof)　11,47
証明可能 (verification)　72
証明可能な (verifiable)　41,72,81,85
証明されている (vouched)　43
贖罪 (atonement)　34
贖罪 (expiation)　5,25
触発された (touched)　22
所属 (affiliation)　66,69
所有物 (properties)　43
調べる (trace)　77
資料 (material)　29
資料 (sources)　30
陣営 (camps)　1,2
進化 (evolution)　64
侵害するもの (usurpation)　72
人格 (person)　45
神学 (theology, theologies)　20,21,31,45,74
人格神 (persona God)　12
神学者 (theologians)　20,32,33,36,72,73,79
人格的 (personal)　4,18
神学的 (theological)　20,29,30,33,36,61
神学的な哲学者たち (theological philosophers)　33
神経衰弱 (nervous prostration)　12
信仰 (faith, faiths)　5,19,20,21,22,23,26,29,33,37,41,45,47,68,81,85,86,87
信仰復興運動家 (revivalist)　37
真摯さ (integrity)　86

自発的 (voluntary)　16,17,19,62,69
至福千年 (millennium)　46
思弁的 (speculative)　12,19,20
市民 (citizen, citizens)　23,27,48,50
市民生活 (citizenship)　60,65,71
市民であること (citizenship)　23
市民的 (civic)　83
使命感 (impulses)　18
シャーマン (shaman)　37
社会 (society)　51,75
社会厚生 (social health)　77,81
社会的 (social)　6,49,59,60,61,62,63,65,66,67,68,69,70,71,74,75,76,77,78,79,80,81,82,83
社会的支配 (social reign)　78
社会的情緒 (social emotion)　82
社会的知性 (social intelligence, social intelligence)　76,77,78
自由 (freedom)　81
習慣 (habit, habits)　15,34,39
習慣 (practice, practices)　2,6,7,9,10, 11,14,15,27,36,59,60,64,84
習慣化される　15
宗教一般 (religion general)　9
宗教一般 (religion)　28
宗教家 (religionists)　11,26,29,35,66
宗教サークル (religious circles)　72,78
宗教上の (in religion)　6
宗教的でない (unreligious)　25
宗教的なるもの (the religious)　1,2,3,8,15,22,27,43,66,72,74,84,91
宗教的に (religiously)　2
宗教の護教者 (religious apologists)　38,55
宗教の専門家 (religious expert)　12
集合名詞 (collective term)　7
従順 (obedience)　3,4,6,7
獣性 (bestiality)　5
集大成 (corpus)　59
集中すること (concentration)　36
柔軟性 (flexibility)　6
自由放任 (laissez faire)　78,79,82,84
自由放任主義 (laissez faireism)　92
重要性 (significance)　23,45,71,80,84
重要な意味をもつ（のある）(significance)　25,26,31,32,57,73,76
修養法 (discipline)　63
酒宴 (orgies)　4
主義 (cause)　14.17
宿命 (Fate)　24
宿命的 (fatalistic)　15,25
守護者 (protector)　59,60
趣旨 (import)　21
主題 (object-matter)　34,38,39,40
手段 (avenues)　1,33
手段 (mean, means)　1,28,46,56,67,76,77,80,82,
主張 (case)　69,72
主張 (claim, claims)　2,21,28,29,34,41,42,67,76
主張 (contention)　71
出現 (emergence)　55,56
熟考 (deliberation)　19
受動的 (passive)　15,52
受肉 (incarnation)　34
受容 (acceptance)　86
純化 (purification)　8
純化される (purified)　50

地獄（hell） 70
仕事 (pursuit) 71
仕事 (undertakings) 25
自然 (natural) 24,69,86
自然 (nature) 1,15,24,25,34,45,46,48,51,53,54,55,56,57,82
慈善家 (philanthropist, philanthropists) 27,48,49
自然界 (natural world) 86
自然科学 (natural science) 70
自然死 (natural death) 78
自然宗教 (natural religion) 64
自然主義的（な）(naturalistic) 13,57
自然で (natural) 11,52
自然的 (natural) 25,27,34,35,44,48,69,71, 72,77,82
慈善的 (philanthropic) 62
自然的知識 (natural intelligence) 34,35,57,82,89
自然的知性 (natural knowledge) 47,57,77,89
自然的な (natural) 25,27,50,70,81
自然的なるもの (the natural) 38,69
自然的善さ (natural goods) 71
自然的理性 (natural reason) 64
自然の（のまま、の姿）(natural) 6,26,27,31,38,50,57,67,70,71,73,80,81,83,84
自然への畏敬の念 (natural piety) 25,53
思想 (thought) 4,62
質 (quality, qualities) 3,9,10,12,13,14,17,18,23,24,32,40,41,42,43,44,83,84
実験 (experiment, experiments) 11,13,32,49,51,73,79,89
実験科 (experimental science) 13
実現する、実現する（こと）(realization) 22,50,57,72,81,84
実験的 (experimental) 11,49,51,73
実験的に (experimentally) 51
実験的方法 (experimental method) 11
実在した（していた）(existed) 42,49
実在者 (Existence) 44
実在する (exist) 9,10,11,19,20,40,41,47,48,51,62,87
実在するもの (entity) 9,62,87
実際性 (existence) 45
実在性 (existence) 11,13,34,37,38,45,85
実際にある (exist) 9,21,47,52,75,79,82
実際にある (in fact) 52
実在物 (existence) 10,22,23,42,43,44,47,48,49
実際問題としては (practically) 72
実質的なもの (solidity) 51
失神状態 (trances) 35
実践的 (practical) 17,18,19,20,21,43,46,52,75,81,86,87
実践的信仰 (practical faith) 87
実践的に (practically) 46,79,81
実体化 (hypostatization) 44
質的（は）(in quality) 20,22,26,27
指定保護区 (reserve) 35
私的 (private) 39,67
指導 (guidance) 71
児童虐待 (abuse) 69
指導する (direct) 52
指導的 (directive) 85
支配権 (supremacy) 34
支配権 (sway) 57
支配力 (influence) 12

項目 (item, items)　26,32,33
効用 (function, function, functions)　8, 14,17,18,27,33,43,52,53,56,58,65,66,67,70, 72,80
合理化 (rationalization)　33
合理性 (reasonableness)　20
合理的（な）(rational)　33
公理のようなもの (axiomatic)　46
効力 (effect)　79
効力 (efficacy)　47
効力のある (operative)　48
護教者 (apologists, apologetics)　8, 37, 38,44,45,55
告発 (indictment)　74
国民国家 (national sate)　61,74
個々人 (individuals)　17,52,60,62,66
個々の、個人的 (individual)　66,78
心（heart）5,30,40,68,78
心 (mind, minds)　4,31,32,48,51,52,69, 70,74
志し (aims)　48,49,65
個人 (individual, individuals)　14,24,30, 31,47,60,61,64,66,67,68,78
個人主義 (individualism)　86
個人的（な）(personal)　24,27,34,35, 36, 46,66,67,68,82
個人的に (individually)　24,46
個体としての存在 (individuality)　78
国家 (nations)　62
国家 (sate)　61,74
事柄 (affairs)　17,66
事柄 (matter, matters)　29,30,41,66,76, 85,86
事柄 (things)　32
言葉 (term, terms)　4,23,40,42,43,52, 54, 55,73
言葉 (word, words)　10,15,33,42,43,51, 52,53,54,
コミュニティ (community)　24,60,61, 70,73,83,85,87
コモン・フェイス (common faith)　87
根拠 (basis)　54,76,81
根拠 (ground)　2,54,55
根拠のない (rootless)　51
混合物 (mixture)　47

さ

再構造化 (reconstruction)　47
最高の存在者 (Supreme Being)　42
再生 (regeneration)　47
再配置 (rearrangement)　49
再方向づけ (reorientation)　14
避けられない (indispensable)　24
懺悔 (penance)　34
残存物 (survivals)　6
三位一体 (trinity)　34

し

寺院 (temple)　60
刺激 (stimulus　32,62,82
刺激する (arouse)　22,27,42
事件 (incidents)　30
資源 (resources)　82
資源(source, sources)　19,37,63,71,72,85
思考 (thought, thoughts)　3,15,19,21, 39,48,50,52,53,61,72,75,76,82,83,85

結論を出す (conclude)　24
原因 (cause, causes)　2,11,14,29,30,38, 69,70,77,78,81,85
原因（origin）　31
権益 (interest, interests)　77,78,81
見解 (position)　69
限界 (limitation)　35,39
限界 (scope)　32
見解 (view)　2,30,47,48,51,68
限界性 (limitation)　20
限界づける (limit)　15,39
研究者 (inquirer, inquirers)　27,48,
研究者 (students)　69
健康 (health)　77
原罪（original sin）　72
顕在 (presence)　35,40,45
検査する (health)　77
現実 (actual)　15,18,48,49, 50,51,52,53, 65,68
現実 (fact)　51,65,84
現実性 (actual)　15,21,39
現実的な (actual)　46,51,80
現実的なるもの (the actual)　23,90
現実の (actual, actually)　14,21,52,63, 71,75
現象 (phenomenon)　9,31,35,37,77,78
現状維持 (status quo)　77
献身 (devotion)　23,41,71,79,
健全さ (sanity)　81
幻想 (illusion)　43,57
現存、現存する (in existence)　22,50,53
現存していない (nonexistent)　76
現存している (existential)　21
現存している (existence)　44
現存している (existing)　21,34,49
現存している (extant)　45
現存している (in existence)　21,47
現存する (existent)　21,47,51
現存する、現存し（している）(existent) 12,21,50
現代人 (modern mind)　33
原動力 (impetus)　66
原料 (material)　49
権力（者）(power)　7,12,61,65,77,78,81

こ

行為 (act)　19,20
行為 (conduct)　15,78
後遺症 (hangover)　3
幸運 (Fortune)　24
効果 (effect, effect)　14,62,63
効果性 (effectiveness)　49
効果的 (effective)　80
抗議 (protest)　64,69
恍惚状態 (ecstasy)　36
公衆衛生 (public health)　81
向上心 (aspiration, aspirations)　6,25, 53,54,55,57,85
厚生 (health)　77,81
構造 (constitution)　30,59
構造 (frame)　21
構造 (structure)　22,30
構想されたもの (concept)　11
公的（な）(public)　39,40,60,73,80
行動 (course)　30
行動する (actuated)　23
行動する (move)　12

く

供犠 (sacrifice、sacrifices)　4,60
偶然 (accident)　78
偶然 (incidentally)　13
偶然 (Chance)　24
偶然 (perhaps)　36
偶然的 (accidental)　75
偶然に一致すること (coincidence)　83
空想 (refuge)　22
苦行 (mortification of the flesh)　5
具現化されたもの (embodiment)　43,49,85
具現化される（された、されている）(embodied)　18,22,23,50,85
具体化 (materialization)　41
工夫 (resources)　36
クライマックス (climacteric)　48
暮らし (existence)　24,79
クリスチャン・サイエンティスト (Christian Scientist)　13
苦しみ (suffer, sufferings)　19,87
苦しみ (throes)　57
苦労 (efforts)　49
訓練 (discipline)　18
訓練された (disciplined)　52

け

警戒心 (jealousy)　74
経験(experience, experiences) 2,3,6,8,9,10,11,12,13,14,17,19,27,28,33,34,35,36,37,38,39,40,41,43,44,48,49,51,52,56,57,84,85
経験される、経験された (experienced) 40,48,54,71
経験する (undergo)　2,40
経験的（な）(empirical)　37,46
経験できる (have)　12
経験論者 (empiricists)　11
経済（的）(economic, economics)　60,62,63,68,69,74,78,80,82,83
啓示 (revelation)　26,34,72
形而上学的 (metaphysical)　36,85
形而上学的なるもの (the metaphysical)　22
芸術 (art)　18,23,41,56,71,85
啓蒙される (enlightened)　57
形容詞 (adjective)　3,8,9,28
経路 (channel, channels)　25,26,27
決意 (resolution)　16,17,19
決意する (resolve)　12
結果 (consequences)　33,54,57,81,85
結果 (outcome)　13,23,77
結果 (result)　13,20,30,40,48,52,76
結果から生ずる (resulting)　50
結果である (result)　67,69,71
結果的に生じた (resulted)　76
結合 (union)　36,44,51,53
結合すること (marriage)　80
結合すること (uniting）　52
決心する (determine)　12
決断 (decision)　52
決定する、決定できる (determine) 14,23
結論 (consequences)　2
結 論 (conclusion, conclusions)　33,34,48,56,74,75

絆 (ties)　53,56,74
奇蹟 (miracles)　34
基礎 (foundations)　57
貴族主義 (aristocracy)　84
北アメリカの先住民 (North American Indians)　35,37
既得権益 (vested interests)　77,78
基盤 (basis)　10,18,30,46,64
基盤 (foundation)　68
基盤 (ground)　50
基盤 (matrix)　70,85
義務となっている (incumbent)　29
救済 (redemption)　31,53,72,74
救済 (release)　86
救済 (salvation)　47,77,78
教育 (educated)　31
教育 (education)　51,60
教育 (teaching)　13
教育的 (educational)　62,64
教会 (church, churches, Church) 1,4,10,30,32,33,60,61,62,63,64,65,66,67,68,69,70,82,83,84
境界線 (division)　66
教義 (doctrine, doctrines)　25,32,33, 34,38,42,44,47,55,72
教義上 (doctrinal)　13,17,26,29,39
教訓 (lesson)　32
夾雑物 (encumbrance, encumbrances) 2,6,9,10,27
教習 (course)　6
業績 (achievement)　6,25,85
兄妹 (brothers)　5
兄妹愛 (brotherly love)　89
兄妹の間柄 (brotherhood)　84
共通している (common)　9
共通する (common)　2,27,69,84
共通で (general)　27
共通点 (common element)　36
共通の (common)　4,8,36,52,56,78
協同 (cooperation)　25
共同している (coöperating)　9
協同的な（で）(cooperative, coöperative)　32,86
協同的になる (cooperative)　26
協同の (cooperative)　47
教派 (denominations)　1,4,30
恐怖 (fear)　5,6,24,25,36,74
極端な人たち (extremists)　1
局面 (aspect)　2,6,12,27,32,35,57,61,68
ギリシア（人）(Greek)　59
ギリシア正教 (the Greek)　1,4
キリスト (the Son of Man)　21
キリスト教 (Christianity)　4,5,8,9,33,36,42,46,47,73,84
キリスト教（という宗教）(Christian religion)　12,13,20,30,31
キリスト教会の（に関する）(ecclesiastic)　30,64,65
キリストのような神(the Christlike God) 12
気をとられている問題 (preoccupation)　53
均衡 (equilibrium)　73,74
吟味すること (examination)　35
禁欲主義 (asceticism)　5

仮説 (hypotheses)　86
価値 (value, values)　2,8,14,15,27,28,33,41,42,43,44,45,46,47,48,49,50,51,54,56,64,65,66,67,70,71,72,73,74,80,82,83,85,87
喝采の声 (acclaim)　55
活動 (action)　6,11,20,22,23,26,42,43,47,48,50,51,52,56,57,63,65,66,75,77,79,80,82,89
活動 (activity, activities)　19,27,60,74,83
活動 (movement)　18
カトリック (Catholic)　1
カトリック教会 (Catholic Church)　63
神（the Kami）4
神 (God)　1,2,7,11,12,13,14,20,21,23,24,27,29,30,31,32,33,35,36,37,38,39,40,41,42,43,44,45,47,50,51,52,53,54,61,64,66,67,68,70
神々 (deities)　60
神々 (gods)　4,24
神々の系譜 (theogonies)　59
神の王国 (divine kingdom)　82
考え (idea)　55
考え (mind)　33,52
考え方 (idea, ideas)　30,33,35,47,49,52,64,65,72,73,74,75,78,79,85
考えること (idea)　43
管轄権 (jurisdiction)　34,38,
関係 (relation, relations)　2,6,7,9,12,13,16,23,25,27,29,31,36,37,47,49,51,53,54,57,60,63,65,67,68,69,70,71,72,73,74,75,76,77,80
関係する (bear)　86
関係する (bearing)　31,63,86
関係性(relationship, relationships)　68,72
感じやすいだけの気質 (tendermindedness)　3
慣習 (custom, customs)　15,60
慣習的 (customary)　44,69
感情 (feeling)　11,52
関心 (attention)　36
関心 (interest, interests)　52,60,62,64,65,66,67,68,70,78,79,80,82,83
関心事 (concerns)　70,82,
観念 (notion, notions)　7,10, 33, 41, 45,63,70
観念 (idea, ideas)　1,2,3,6,7,8,15,18,19,21,24,30,31,33,36,38,39,41,44,,49,50,51,53,63,64,78,84
願望 (desire)　3,20,22,42,44,46,48

き

機関 (organ)　43
危機 (crisis)　24,29,56,57,64
起源 (origin)　30,71
起源 (source)　12,66
技巧 (art)　48,51
儀式 (cults)　28,4
儀式 (rites)　5,25,40,59,60,63,68
儀式 (rituals)　4
儀式的な (ritual)　59
気質 (temperament)　52
技術 (art)　59
技術改良 (technical improvements) 75
基準 (basis)　48,83,86
規準 (criteria)　85
規準 (criterion)　34,48,

援助 (aid)　47,56,74

お

覆い隠す (eclipse)　86
多くの人に共通の (general)　23
オーラ (aura)　70,88
おかげ (grace)　87
冒されている　(affected)　53
オカルト・モード (occult modes)　37
補われるべきである (sustaining)　72
行い (conduct)　20,21,23,41,42,43,45,48
落ち着かせる (composing)　19
オックスフォード辞典 (Oxford Dictionary) 3
織り混ぜ合わされる (interwoven) 18,25, 30,60
恩寵 (grace)　34

か

懐疑 (doubts)　44
懐疑主義 (skepticism)　29,86
解決法 (way out)　22,47
解釈（されたこと）(interpretation) 13,35,36,37,38,67
解釈している (interpret)　12
改宗 (conversion)　22,47
改宗させる (convert)　5
会衆派 (congregations)　64
改善 (betterment)　76
改善 (improvement)　79,80
改善される (bettered)　46
回想 (reminiscence)　54
介入 (intervention)　76,78,79,84
介入する (come in)　20
介入する (intervene)　17,18,20,55,
介入すること (intervening)　17,22
概念 (concept, concepts)　6,23,31,35,36,37,38,41,44,50,51,52,54,55,56,64,66,67,69,79,84,85
概念 (conceptions)　44,50,54
概念性 (conception)　2,6,23,37,38,41,44,66,67,69,85
解放 (emancipation)　2,8,10,14,27,44, 67,84
解放される (freed)　85
解放する (release, relieve)　28,57
外来的なもの (adventitious)　17
改良 (improvement)　75
改良される (improve)　26,39
改良する (improved)　50
カウンターパート (counterpart)　46
科 学 (science)　1,13,23,31,35,38,39,41,50,54,55,62,63,70,71,72,78,85
科学者 (scientific man)　50
科学者 (scientist, scientists)　11,23
科学的 (scientific)　10,26,33,34,35,36,38,39,55,61,62,63
科学的に (scientifically)　12
科学的方法 (scientific methods)　26,35,39
確信 (assurance)　49
確信 (conviction)　20,21,22,27,46
核心 (gravity)　61,62
核心部分 (core)　59
核心部分 (heart)　3,21
確定する (determine)　3,4

意識 (consciousness)　9,12,40,51,52
意識（的な)、意識的で (conscious)19,82
意識的に (consciously)　82
意志作用 (volition)　17,19,42,62
意志者 (Will)　4
異常な（るもの）(extraordinary)　69,70
偉人 (personages)　30,31,41
イスラーム (Moslems,Moslems)　4,5,12
異端 (heresy)　67
異端の (heretical)　36
一度聞いたら忘れられない (impressive)　12
一般の信徒たち (laity)　63
意図 (purpose)　38
生命 (いのち) (life)　85
祈り (prayer)　10,47
居場所 (abode)　58
慰撫 (propitiation)　5,25
遺物 (hold-over)　39
意味する結果 (implications)　80
意味するところ (implication, implications)　9,34
意味するところ（meaning, meanings）53,63
因果関係 (causation)　13,37,76
因果関係 (the relation of causes to results)　76
印象 (effect)　12,69
インスピレーション (inspiration)　2,27

う

有為転変 (vicissitude)　16
受け入れ、（ること)(acceptance) 5,30,33
受け入れられている (accepted)　6
受け入れる、（こと) (accept)　9,29
動き (stir)　82
宇宙 (universe, Universe)　18,19,23, 53, 55,85,
宇宙創造論 (cosmogony, cosmogonies) 31,59
宇宙的 (cosmic)　30
宇宙論的 (cosmological)　11,12,29
生み出された (produced)　14
生み出す (effect)　13,17
裏の意味 (implication, implications)　3, 20
運動 (movement)　64,65,66,69
運命 (destiny)　3,6,7,23,25,88
運命論者 (fatalist)　13

え

影響 (effect)　74
影響 (influence)　60,62,69
影響力 (influence)　22,61,84
影響力 (hold)　2,62,65
影響力 (force)　44
影響力のある (influential)　47,56,74
影響を及ぼす (act with)　77
永続性、永続的な (endearing) 16,17,27
エゴイステック (egoistic)　55
エゴイズム (egoism, egoistical) 25,46,74
エジプト人 (Egyptians)　59
エホバ (Jehovah)　54
選び (select)　7
選ばれる (selected)　8

語句・人名索引

＊数字は、原典のページのものである。

＊フランス語、ラテン語は、原語の発音をなるべくカタカナで表記した。

＊少しでも言葉のニュアンスを読み取る手助けになればと思い、日本語での訳語が同じでも、また元の原語が異なる語句や原語が同じでも、文脈によって訳語が異なる語句を中心にまとめた。

あ

愛情 (affection)　44,56,79,81
証し (evidence, evidence)　20,67
諦め (resignation)　15
悪 (evil, evils)　4,45,47,72,75,77,82
悪徳 (vices)　69
悪魔 (devils)　20
悪魔 (demon)　8,78
悪魔払いの祈祷 (exorcisms)　57
悪夢 (incubus)　8,78
憧れ (aspiration)　5
足がかり (lodgment)　48
アズテック (Aztecs)　4
アソシエーション (association, associations)　14,41,48,50,62,65,66,69,71,73,75,74,80
当てにならない (precarious)　24
アフリカ人 (Africans)　4
ア・プリオリ (a priori)　35
アメリカ合衆国 (The United States)　61
アメリカの (American)　16
現れる (appearances)　22
あり方 (forms)　41
ありのまま (true)　32
現れている (manifestation)　73
アルコール (intoxicants)　69
憐れみ (compassion)　81
安全（な、で）(secure)　55,87
安全性 (security, securities) 13,14,71,79
安全でない (insecurity)　79
安全の維持 (insecurity)　73
安定した (stable)　13,25
安定した (steady)　51
安定、安定性 (stability)　14,71
アーチスト (artist)　23,27,48,49

い

言い返すこと (retort))　47
言い方 (terms)　1
威嚇 (menace)　69
意義（meaning）　15
意義 (signification)　44
畏敬 (awe)　7,25
畏敬の念 (piety)　25,26,52,53
意見 (remark)　14
移行 (transfer)　82
移行 (transition)　76
遺産 (heritage)　87
意志 (will)　17,19,33,67,68,79

訳註

第1章　宗教と宗教的なるもの

訳注1　この「教派」(denominations)という言葉は、アメリカの宗教状況に特徴的なキリスト教の組織を表現する用語として、宗教学的には「教会」(church)、「宗派」(confession)や「セクト(分派)」(sect)、あるいは「カルト」(cult)から区別される。植民当初のアメリカでは、バージニアの英国教会の国教制度から、ペンシルバニアの信仰の自由に至るさまざまな宗教形態が成立していたが、独立から合衆国憲法の成立の時期に、「政教分離」がアメリカ合衆国の原則として確立され、二度の「リバイバリズム」(信仰復興運動)を経験して、ヨーロッパのように主流派の教会と少数派のセクトが明確に分けられない宗教状況があったため、独自の形態が成立していた。こうした状況の中で、アメリカのキリスト教は、自発的に参加していくアソシエーション(association)や機能集団(functional group)の姿をとらざるをえず、出身地や移民の時期や階級などの違いによって分離し、無数の教団を形成していくようになる。

このような近代的政教分離社会(世俗社会)において併存するキリスト教の組織を、神学者のH・R・ニーバー(Helmut Richard Niebuhr, 1894-1962)は、著書『アメリカ型のキリスト教の社会的起源』(The Social Sources of Denominationalism, 1929、柴田史子訳、ヨルダン社、一九八四年)で、「ディノミネイションズ」(denominations)と呼んだ。神学者としてのニーバーは、競合する「アソシエーション」としてのデノミネイションでは、それぞれの組織防衛のための集団エゴが先に立ち、キリスト教的一体感が希薄になるため、各ディノミネイションはキリスト教世界(身体としての統合体)の手足として一体性の上に立たなければ、信仰本来の個性を失い、それが存在している世俗社会の価値観(culture religion)の中に埋没する危険性が出てくるとして、ディノミネイションには必ず「キリスト教一致運動」(ecumenism)が付随し、各世俗社会の枠を超えた「精神的普遍教会」(universal church)の再組織が必要になると説いている。

デューイは、この"denominations"を「ギリシア正教」や「ローマ・カトリック教会」から区別して、ニーバーよりは狭い意味で"Protestant"を付けて「プロテスタントの教派」と表現している。

訳注2 この「マナ」(mana)という用語は、イギリスの宣教師で民族学者であったR・H・コドリントン(Robert Henry Codrington, 1830-1922)が、メラネシアにおいて発見し、その著『メラネシア人』(*The Melanesians*,1891)の中で報告したことによって、広く宗教概念として用いられるようになった。彼は、メラネシアの先住民が際立って早く進むカヌーを説明するとき「あのカヌーにはマナが宿っている」という言い方をすることから、マナという非人格的なパワーの観念が存在することを指摘している。マナは、名詞・形容詞・動詞などに併用され、その意味は物理的な力とまったく異なったパワーであり、あらゆる方法で善と悪に働き、それを所有し支配すれば最大の利益を得るような超自然的な形式のパワー、または作用である。それは、事物には本来固有なものでなく、他のものからつけ加わったり取り去ったりすることができる転移性(transmissibility)と、時には自発的にひとつのものから他のものに移る伝染性(contagiousness)をもち、本来非人格的な神秘的・超自然的パワーであるが、人間、霊魂、精霊そのほか動植物、無生物にいたる諸事物にこもる属性である。

訳注3 この「フェティッシュ」(fetish)という用語は、十八世紀当時としては最新の研究方法であった比較宗教学の立場から、当時のアフリカ大陸やアメリカ大陸に残存する原初的信仰について研究していた、シャルル・ド・ブロス(Charles de Brosses, 1709-1777)によってつくられた概念である。彼は匿名で『フェティシュ諸神の崇拝』(*Du Culte des dieux fétiches*, 1760、杉本隆司訳、法政大学出版局、二〇〇八年)を刊行し、その中で西アフリカ海岸からヌビアに至るまでの黒人間に崇拝されている、木・山・海・木片・ライオンの尻尾・小石・植物・花・牝牛・牝山羊・象・羊などの呪物が、黒人にとって神々であり、神聖な事物であり、呪符であることを論じ、これを単に西アフリカの黒人の信仰に限ることなく、人類最古の信仰形態として「フェティシズム」(fetishism)と命名した。フェティッシュとは、超自然的なパワーを備えていると信じられる自然物(石とか植物の種子)で、とりわけ、人間が造った物品で、普通の製作品を凌駕する

圧倒的に大きな超自然的なパワーを備えるもののことである。フランス語のフェティシュ（fétiche）から来ているが、この語は「呪符」や「護符」を意味するポルトガル語の「フェイティソ」（feitiço）から転用された語で、さらに遡ると、「製作する」という意味のラテン語の動詞“facere”から派生した形容詞“facticius”、すなわち「人工の（もの）」がもともとの語源にある。

訳注4　「不動の動者」とは、ギリシア時代の哲学者であるアリストテレスの言葉である。アリストテレスは『形而上学』（出隆訳、岩波文庫）や『自然学』（アリストテレス全集3、出隆・岩崎允胤訳、岩波書店）の中で、原因には①「形相因」②「質料因」③「動力因」（作用因）④「目的因」の四原因があると考えた。これらの中でも①の形相因や③の動力因は突き詰めていくと、最後には「純粋形相」や「自分は動かないが他者を動かすたった一つのもの」に行き当たるとして、これを「不動の動者」と呼んだ。

訳注5　「理神論」（deism）とは、一般に天地の創造者としての神は認めるが、神の人格性は認めず、特別な啓示も必要としない自然宗教（自然神学）の立場である。十八世紀イギリスで始まり、フランス・ドイツの啓蒙思想家に受け継がれた。その見解は、イギリスではイエスの神格を否定する「ユニテアリアン」（Unitarian）と呼ばれる人々によって擁護された。チャーベリーのハーバートは、『真理について』（*De veritate*, 1624）を公刊して、自然宗教の次のような五つの基本真理をあげた。それは①神の存在、②神を礼拝する義務、③経験と徳行の重要性、④悔悟することの正しさ、⑤来世における恩寵と堕罪の存在を信じること、などである。

訳注6　「リベラル派」（Liberal）には、二つのパターンがある。ひとつはリベラル派プロテスタントと呼ばれる人々で、プロテスタントの「エキュメニカル派」（Ecumenical）の多くが採用する二元論的な立場である。彼らは聖書をよりどころとするが、それは人間が書いたものであり、書かれた時代の制約を受けているのだから、時代に合うように解釈しても構わないと考える。つまり進化論等の科学的な見方を許容し、神が天地を時の最初に創造したわけではないとする。もっともリベラル度の強いプロテスタントは、三位一体説を否定する「ユニテリアン」（Unitarian）である。これはイエスを神格化せず、優れた指導者ではあったが、

あくまで普通の人間だったと考える立場である。リベラル派のなかでも熱心に教会に通う人はいないわけではないが、保守派に比べて概して淡泊で、礼拝も静かである。そして、文化・社会面でのリベラル性を示して、例えば女性や同性愛者が牧師になることを認め、人工妊娠中絶では、それを禁止する「プロライフ」（prolife）に対して、それを擁護する「プロチョイス」（prochoice）の立場をとる。また来世での救いよりも現世で弱者を助けようという社会事業活動に関心が高い。十九世紀から二十世紀にかけて展開した「社会福音運動」（social gospel）はその例である。もうひとつのリベラル派は、家はもともとプロテスタントだが、自分はそこから離れて、ヨガ、禅、瞑想などの東洋の宗教やスピリチュアルなものにひかれているもので、保守派からみて邪教的なもの、迷信的なものに価値を見出す。ここでデューイが「リベラル派のサークル」と称しているのは、後者の「リベラル派」の意味に近いと思われる。

訳注7　カント（Immanuel Kant, 1724-1804）は、主著『純粋理性批判』（*Kritik der reinen Vernunft*,1781/1787、『純粋理性批判6』中山元訳、光文社古典新訳文庫、二〇一〇年）の弁証論で、神についての先験的仮象（Schein）を「純粋理性の理想（Ideal）」と名づけて、神の存在証明の不可能性を問題にしている（B595-671）。神の存在は、「全実在性」（ommnitudo realitatis）としての神の「理念」（Idee）が個体化され、それに「存在体」（ens, Wesen）が付与され、「最実在的存在体」（ens realissimum）という「理想」となるときに考えられる。この証明には、⑴自然神学的証明（あるいは物理神学的証明）（phisikotheogischer Beweis）、⑵宇宙論的証明（kosmologischer Bewaeis）、⑶存在論的証明（あるいは本体論的証明）（ontologischer Beweis）の三つがあるとされ、⑶の存在論的証明は、「現実の一〇〇ターレルは、可能な一〇〇ターレルより多くを含まない」（これは、思惟状態の場合で、財産状態では「現実の一〇〇ターレルは、可能な一〇〇ターレルより多くを含む」となる）という有名な一〇〇ターレルの比喩によって、「理想」として神の概念から、「現存在」（Dasein）としての神の存在を証明することは不可能とされる。カントの説明によれば、他の⑴自然神学的証明と⑵宇宙論的証明も、⑶の存在論的証明を基盤にしたもので、それらの証明は不十分とされている。デューイは、宗教者の多くがこれらの証明に満足していないのは、これらがあまりに形式的であるからと説明している。

訳注8　「クリスチャン・サイエンティスト」（a Christian Scientist）とは、一八六六年にアメリカで始まった「クリスチャン・サイエンス」（Christian Science）の信者。「クリスチャン・サイエンス」は、健康と癒しに関心を寄せてキリスト教信仰を理解しようとしたキリスト教の一派で、反物質主義と、物質を支配する心の力を典型的なアメリカ人の信念と結びつけて、病気は神の力で癒されるのではなく、実在しないと考えることで癒されるとする特徴がある。創始者は、M・B・エディ（Mary Baker Eddy, 1821-1910）である。エディはニューハンプシャーの生まれで、若い時から脊髄や神経の病に悩まされていた。短い結婚の後に寡婦になり、病の癒しを求めてモルヒネや催眠術に頼ったが、ある時P・P・クインビー（Phineas Parkhurst Quimby, 1802-1866）に出会い、彼独自の「動物磁気」（animal magnetism）論などによる心理療法を施されて癒された。エディは、その治療法に魅了されていたが、まもなくクインビーが亡くなり、その直後に氷上で転んで受けた背中の痛みが、マタイ福音書第九章の癒しの物語を読んで「三日目に」癒されるという体験をする。この経験の符合により、四五歳のエディーはクインビーの遺業を継ぐことを自らの使命と受けとめ、信仰と癒しの関係を彼女なりの合理性をもって解釈する「クリスチャン・サイエンス」を創始した。エディは協力者を得て、ボストンに「母教会」（The Mother Church）や治療院を創設するとともに、出版によりその宗教的確信を広めていった。一八七五年に初版が出た『科学と健康』（*Science and Health*,1875）は、彼女が亡くなる一九一〇年までに四〇万部を売っている。その他の刊行物も月刊、週刊、日刊と次々に拡大していった。日刊紙「クリスチャン・サイエンス・モニター」（The Christian Science Monitor）は今日でも読まれている。この宗教は、ウィリアム・ジェームズ（William James,1842-1910）の『宗教的経験の諸相』（*The Varieties of Religious Experience*,1902、桝田啓三郎訳、岩波文庫、一九六九年）の中では、「精神治療」（mind-cure）の一派とされ、「健全な心」（healthy-mindedness）をもたらすとして好意的に見直されている。

訳注9　この「探究」（inquiry）という言葉は、第2章でも何回か使用されているが、デューイは、この言葉を「反省的思考」（reflective thinking）や単に「思惟」（thought）、「疑問」（questioning）と同じような意味で使っている。他の著作では「反省的思惟」（reflective thought）、「反省的経験」（reflective experience）と表現

したり、また教育学では「問題解決学習」（Problem-solving-method）とも呼ばれている。これは「道具主義」（instrumentalism）と呼ばれるデューイのプラグマティズムを象徴する概念でもある。「探究」は一九三八年に出版された『論理学――探究の理論』（*Logic: The Theory of Inquiry*, 1938）では、次のように定義されている。「探究とは、不確定な状況が、もとの状況の諸要素が、一つの統一された全体というものに転換されるほど、状況を構成している区別や関係が確定した状況に、コントロールされ、あるいは方向づけられて変質することである。」（*Logic: The Theory of Inquiry,1938*.The Later Works, 1925-1953 of John Dewey, Volume 12:1938 Jo Ann Boydston ed. Carbondale: Southern Illinois University Press, p.108）

そこでは、「探究」は(1)「不確定な状況」（indeterminate situation）、(2)「問題の設定」（institution of a problem）、(3)「問題解決の決定」（the determination of a problem-solution）、(4)「推論」（reasoning）、(5)「事実と意味の作業的性格」（the operational character of facts-meanings）の五つの手順で説明されている。それは次のような内容である。(1)は、問題状況のことであり、人間が問題に気づくことである。デューイは「個人の側からこの問題を述べると、我々が『自分を見失う』ことである」（Stating the matter from the personal side, we have "lost our heads"）と述べている。

ここで注意しなければならないのは、デューイがこの不確定な状況を「病的な」（pathological）状態や「主観的な」（subjective）疑わしさから区別して、そうしたプロセスや出来事を「心的」（mental）な誤りとしている点である。デューイは、それを「主観的心理学」（subjective psychology）と呼んで、こうした心理主義には、「有機体と環境との相互作用」（organic-environmental interactions）が欠けているとしている。

(2)の「問題の設定」の段階は、「問題状況」（problematic situation）が明確になることである。デューイは、それを「問題がうまく設定されれば、解けたも同然だということはよく知られ、有意義な格言である」（*Ibid*, p.112）と表現している。(3)の「問題解決の決定」とは、観察によって「ひとつの可能な的を射た解決」（A possible relevant solution）を「暗示」（suggestion）にすることで、それを「観念」（idea）にまで纏めることである。簡単に言えば、問題の解き方を「仮説」（hypothesis）として提案することである。デューイは「観念は、ある作業が観察された諸条件のもとや、諸条件に関して行われた場合に、何が起こるかが予想される結果（予測）である」「観念というものは、何よりも先ず、生じるかもしれない何かを予想することである。それは、ひとつの可能性の印である」（*Ibid*, p.113）と述べている。デューイが、その際に具体的な例としてあげているのは、火災報知器が、人ごみの会場で鳴ったときの火災の出所、通路や出口、あるいは他の聴衆の行動や動向といった「その場合の事実」（the facts of the case）の構成要素を観察することである。またデューイは、こうした暗示や観念は「シンボル」（symbol）として具現化されなければならないともしている。⑷の「推論」とは、観念を仮説として推理することで、観念を発展させるためにシンボルを働かせる（命題を構成する）プロセスである。この推論において、観念の意味が他の意味と関係づけられ検討されることになる。デューイは、そのことを「会話の中で発展した場合の観念、ある意味は、実行されれば、必要な証拠の題材を用意するような活動を方向づけている」（*Ibid*, p.115）と述べ、例として仮説から「実験」（experiment）に至る「科学的推理」をあげている。最後の⑸の「事実と意味の作業的性格」は、観念を仮説として検討することだが、それまでの段階と比べると、この段階は複雑でわかりにくいところがある。それは、「観察された事実」（observed facts）と「観念化」（ideational）、あるいは「考慮された観念」（entertained ideas）と呼ばれる二つの「作業」（operation）の「協働」（cooperation）や「相互作用」（interaction）が求められているからである。デューイは、この作業を、事実→観念→観察→事実の整理→観念の修正→新たな観察→事実の整理→……の連鎖として説明している。

こうした「探究」の五段階は、最後の⑸の段階を見てもわかるように、以前の段階に戻る作業もあり、それぞれの段階が必ずしも厳密に区切られていない。またこの五段階の説明は、デューイが「探究」を「反省的思惟」（reflective thought）として論じた一九一〇年に出版され、その後一九三三年に改訂されている『思考の方法』（*How We Think,1910. -A Restatement of the Relation of Reflective Thinking to the Educative Process-1933*.The Later Works,1925-1953 of John Dewey, Volume 8 : 1933, Essay and How We Think, Revised Edition Jo Ann Boydston ed. Carbondale: Southern Illinois University Press, pp.196-209）では、五段階は同じだが、一九一〇

年でも、その内容は次のように微妙にちがっている。

「調べてみると、多かれ少なかれそれぞれの実例は、次の五つの論理的に全く異なるステップを見せている。(i)感じられる困難さ、(ii)困難さの場所の捜索と明確化、(iii)暗示と可能性、(iv)推論による暗示の方角の発展、(v)さらなる観察と実験、それは、それによって暗示を受容するか拒否するか、すなわち信じるか信じないかの結論を導くことである。」(1910, *Ibid*, p.72)

一九三三年で改訂では、この五段階は「反省的思惟に五つの側面、あるいは局面」(five phases, or aspect, of reflective thought) として、次のように述べられている。

「思考の状態として、その間には、(1)心が一つの可能な解決に向かって飛躍する、暗示、(2)解決されるべき問題に感じられるもの(直接に経験された)、解答が求められなければならない、一つの問い、(3)指導する観念、あるいは仮説として、観察と他の作業を、事実的素材の集合において導くための、それらの相次ぐ暗示の利用、(4)ひとつの観念、また想定として観念、または想定を心的に念入りに仕上げること(それは、推理が推論の一部で、全体ではないという意味においてであるが)、(5)明白で、想像的な行動によって、その仮説をテストすることなどがある」(1933, *Ibid*, p.200)

またこの改訂では、この五段階は(1)「暗示」(suggestion)、(2)「知性化」(intellectualization)、(3)「指導する観念、仮説」(the guiding idea, hypothesis)、(4)「推論」(reasoning)、(5)「行為による仮説のテスト」(testing the hypothesis by action) の順に具体的な事例をあげて詳細に論じられている。

そこでは、『論理学』で第三段階とされた「暗示」は第一段階に置かれ、第二段階の「問題の設定」は「知性化」と表現されている。またその他に「この五つの側面の順序は固定されていない」や「一側面は拡大されるようになる」、さらに第六の局面として「未来と過去への論及」と称して、"A Common Faith" で「宗教的なるもの」とした「理想目的」や「理想価値」の信仰の対象に近い内容の説明も見られる。

デューイは、一九一六年に公教育を意識して、『民主主義と教育』(*Democracy and Education*, 1916) という著作を書いているが、その第十一章の「経験と思考」で、この五段階は「反省的経験」(reflective experience）という表現で次のように説明されている。

「それらは、次のようなものである。(i)困惑、混乱、疑惑、それらは、人が完全な状況に巻き込まれるという事実に原因がある。その状況の十分な性格は、まだ決定されていないのである。(ii)推測に基づく予想、与えられた要素の試験的な解釈、それは、それらの要素に一定の結果をもたらす傾向があると考えることによってである。(iii)注意深い調査（試験、点検、探究、分析）、それらは、手元にある問題を限定し、明確にしようとする到達可能な熟考である。(iv)その結果起こるような試験的な仮説を念入りに仕上げること。それは、さらに広い範囲の事実と一致するという理由で、もっと精密に、もっと首尾一貫したものにするためのものである。(v)人を事柄の実際にある状態に適応する行為の計画として考案された仮説に立たせること、予想された結果を招く何かを明白におこなうこと、それによってその仮説をテストすること。」

デューイの「探究」の特徴は、知性におけるその働きを、単に思弁的なものとしてではなく、ひとつの有機体（organic）として人間が、不確定な状況に遭遇した場合に、自然環境だけでなく、社会環境に働きかけて、問題の解決をもたらす実践的な手続きとしているところにある。それは、具体的には、第1章で「順応」（accommodation）、「適合」（adaptation）、「調整」（adjustment）の三つの態度として段階的に述べられた、人間の環境や外的条件への適応性（application）である。（*Ibid*, p.15）その場合に理想目的としての観念は、この適応性ための道具となる。

訳注10　スイ・ジェネリス（sui generis）とは、ラテン語で「独自の」「独特な」を意味する。

訳注11　スピノザ（Baruch de Spinoza, 1632-1677）はオランダの哲学者、神学者。「神即自然」（deus sive natura）といった汎神論を唱えたが、当時は、無神論、唯物論と考えられ、キリスト教神学者から非難され、無神論者として攻撃された。

訳注12　ストア派には、「アディアポラ」（adiapora）という「どうでもいいもの」（善悪の判断ができないもの）に執着しない態度から、「アパテイア」（apatheia）という冷静な境地が生まれるという思想がある。この考え方は、心理主義的なところがあるのか、A・エリス（Albert Ellis,1913-2007）の REBT（Rational Emotive

Behavior Therapy）＝「論理療法」や CBT（Cognitive Behavior Therapy）＝「認知行動療法」などのカウンセリングに取り入れられている。基本的には、人間がどのような“Belief”を持つかということが、結果的にその人の感情や行動を左右するというものであり、それは「リフレーミング」というカウンセリングの技法でもある。「ストア派の決意」（Stoical resolution）とは、それに近い態度であると考えられる。デューイは、このストア派の「決意」（resolution, resolve）を「意志作用」（volution）とも呼び、それを「意志における何らかの特別な変化」（any special change in will）であると批判している。

訳注13　サンタヤーナ（George Santayana, 1863-1952）は、スペインに生まれ、アメリカに渡って、ハーバード大学を出て、同大学で哲学史を講じた。哲学や美学、小説などの著作が多くある。ここでは『詩と宗教の解釈』（*Interpretations of Poetry and Religion*, 1900）から引用されている。

訳注14　ウィリアム・ジェームズ（William James,1842-1910）は、アメリカを代表する哲学者・心理学者であり、パースやデューイと並ぶプラグマティストの代表として知られている。父はスウェーデンボリーやフーリエの影響を受けた宗教家のヘンリー・ジェームズ。著作は哲学のみならず心理学や生理学など多岐に及んでいる。日本では、西田幾多郎の「純粋経験」に示唆を与えるなど、日本の近代哲学の発展にも少なからぬ影響を及ぼした。主著に『宗教的経験の諸相』（*The Varieties of Religious Experience: A Study in Human Nature*, 1902）がある。

訳注15　『新約聖書』「ヘブル（ヘブライ）人への手紙」第11章、第1節には、「さて、信仰とは、望んでいる事がらを確信し、まだ見ていない事実を確認することである」（Now faith is the substance of things hoped for, the evidence of things not seen.）とある。

訳注16　ジョン・ロック（Jhon Rocke, 1632-1704）著の『人間知性論』（*An Essay concerning Human Understanding*, 1689）の第一八章第二部の「信仰と理知ならびに両者の個別な領域について」では、「理知と信仰」（reason and faith）について、次のように述べられている。「私の見いだすところでは、どの宗派も、理知が自分たちを助けようとするかぎり、喜んで理知を利用する。そして理知が助けないとき、信仰の問題であって、理知

を越えると叫ぶ。それゆえ、ここで信仰と対比される理知を、私は、心がそのもって生まれた自然の機能を、すなわち感覚と内省を、使って得た観念から行う演繹によって到達する命題ないし真理の絶対的確実性もしくは蓋然性の発見であるとする。これに反して信仰は、このように理知の演繹で作りだされずに、ある異常な伝達のされ方で神から来るとする命題提出者の信用に基づく、ある命題に対する同意である。人々に真理を知らせるこのやり方は啓示と呼ばれる。」(『世界の名著27』大槻春彦訳、中央公論社、一八三頁)

訳注17 『新約聖書』「ヤコブの手紙」第2章、第19節には、「あなたは、神はただひとりであると信じているのか。それは結構である。悪霊どもでさえ、信じておののいている」(Thou believe that God is one; thou doest well: the demons also believe, and shudder.) とある。

訳注18 この「思弁的、すなわち知性的な信念」(speculative or intellectual belief) と「『正当化する』信仰と呼ばれる行為」(an act called "justifying" faith) とを区別した表現は、わかりにくいところがある。この相異について、デューイは前者を「何らかの対象、あるいは存在が知性のための真理として実在するとする信念」(belief that some object or being exists as a truth for the intellect) と呼び、後者を「何らかの目的が行為に対して最高であるべきであるとする、ある確信のような信念」(belief that is a conviction that some end should be supreme over conduct)、あるいは「道徳的信仰」(moral faith) と言い換えているところから、カントの『純粋理性批判』(*Kritik der reinen Vernunft*,1781/1787) (『純粋理性批判7』中山元訳、光文社古典新訳文庫、二〇一〇年) の方法論 (B850-854) の「純粋理性の基準」の第3節「臆見と知と信念について」の、「信念」(Glauben) の区別を意識しているのではないかと推測される。そこでは、信仰は「わたしが〈真とみなし〉ながら、それが主観的には十分であり、客観的には不十分と考えられている場合には、それが信念と呼ばれる」(B850)、「〈真とみなすこと〉が理論的に不十分なものであっても、〈信念〉と呼ばれることは往々にしてある。これは実践的な関係においてだけ起こりうることである。この実践的な見地は、熟達 (Geschicklichkeit) にかかわるものであるか、道徳性 (Sittlichkeit) にかかわるものであるかのどちらかである。熟達にかかわる実践的な見地は恣意的で偶然的なものであり、道徳性にかかわる実践的見地は絶対に必然

的な目的にかかわるものである」（B851）と「目的」（Zweck）との関係から区別され、前者は「実用的な信念」（pragmatische Glauben）、あるいは「理論的な信念」（doktrinale Glauben）、後者は「道徳的な信念」（moralische Glauben）と呼ばれている。

　前者の例として、カントは、それまでに治療していなかった患者を急に診察して治療しなければならなくなった医者の例をあげている。重篤な患者はそのまま放置したのでは死んでしまうのは間違いないので、医者は患者の症状を観察して、十分な根拠はないが結核と判断した。この判断は確実ではないので「知」（Wissen）ではないが、医者が自分の能力の及ぶ限りで考え、〈真とみなした〉「信念」である。カントは「ある行為を実行するための手段として実際に利用される」ような、このような偶然的な信念は、「実用的な信念」であるとして（B852）、これは「自然研究の手引き」（Leitfaden der Naturforschung）となるような「仮説によって」（per hypothesin）、「仮定される」（supponieren）もので、「合目的的統一」（die zweckmäßige Einheit）が条件となるとしている（B853）。この考え方は、C・S・パース（Charles Sanders Peirce, 1839-1914）を経てプラグマティズムの考え方に大きな影響を与えたとされている。

　後者のカントの「道徳的な信念」は、道徳律などの「主張によって」（per thesin）、「要請される」（postulieren）もので、「神と来世は存在する」（Ein Gott und eine künftige Welt sei.）という条件であり、それについては、人間の認識能力を超えているために、「純粋実践理性の要請」として『実践理性批判』（*Kritik der praktischen Vernunft*, 1788、『実践理性批判2』中山元訳、光文社古典新訳文庫、二〇一三年）の中で詳細に述べられている。こうした道徳的な信念は、デューイにとっては、オックスフォード辞典の定義から抽出された、「三つ事実」の中の「道徳的なモチベーション」（the moral motivations）という宗教的要素であり、実践的にはカントのように積極的な評価をしていない。

訳註19　『新約聖書』「ルカによる福音書」第十八章、第八節には、「あなたがたに言っておくが、神はすみやかにさばいてくださるであろう。しかし、人の子が来るとき、地上に信仰が見られるであろうか」（say unto you, that he will avenge them speedily. Nevertheless, when the Son of man cometh, shall he find faith on the earth?)

とある。

訳註20　この「あるものは、我々の力の及ぶ範囲で、現存すべきであるという信仰が、それが、すでに現存しているという知性的な信念に変えられたのである。物理学的実在物が、この主張の正しさを裏付け証明できないとき、この物理学的なものは、巧妙に形而上学的なものに変えられたのである」（Faith that something should be in existence as far as lies on our power is changed into the intellectual belief that it is already in existence. When physical existence does not bear out the assertion, the physical is subtly changed into the metaphysical.）の表現は、デューイが「道徳的なリアリティを知的な同意の問題に転換すること」（converting moral realities into matters of intellectual assent）について、詳しく説明した部分である。こうした「道徳的信仰」を「知性的な信念」に転換し、さらにその物理的実在性を「形而上学的なもの」、「超自然的なもの」に置き換えることは、一般的に哲学では「自然主義的誤謬」（naturalistic fallacy）と呼ばれている。自然主義的誤謬とは、「～すべきである／～すべきでない」、あるいは「～したい／～したくない」（「～と望む／～と望まない」）という道徳的、あるいは心理主義的な価値判断を「～である／～でない」という事実判断、あるいは「～であるはずである／～であるはずがない」、「やっぱり～だった／もともと～でない」という形而上学的判断に置き換え、それと同一視することである。「自然主義的誤謬」という概念は、二十世紀初頭にイギリスのG・E・ムーアによって、著書『倫理学原理』（G. E. Moore, *Principia Ethica*, Cambridege University, 1903）の中で使われた。この概念は、しばしば「D・ヒュームの法則」:「〈～である〉から〈～すべきである〉は導けない」（何かが真実であることをどんなに説得力をもって示しても、それが真実であるべきだという結論は論理的には導き出せない）と同一視されるが、これは、ムーアとは違っている。ムーアの自然主義的誤謬とは、「善い」（good）を何か別のものと同一視することであり、その何か別のものの中には、われわれが経験できるような対象も含まれるし、われわれが経験できないような形而上学的対象も含まれている。「善い」を経験できるような対象と同一視するのが自然主義的倫理学、「善い」を形而上学的対象と同一視するのが形而上学的倫理学である。この二つの立場が共通しておかしているのが自然主義的誤謬である（『倫理学原理〔新

版)』深田昭三訳、三和書房、一九八二年、五〇〜五一頁)。

訳註21　この「我々には、熱烈にそのようにしたいと望むことは、そのことが前々からそのようにあると信じる傾向がある」(What we ardently desire to have thus and so, we tend to believe is already so.) の表現は、デューイが「道徳的な信仰や活動の目的を、知的な信条の条項へと転換する傾向」(the tendency to convert ends of moral faith and action into articles of an intellectual creed) の心理主義における「自然主義的誤謬」を説明した部分である。これは、心理学では「正常化の偏見」(normalcy bias) と呼ばれ、これは、人間の「自分にとって都合の悪い情報を無視し、過小評価する」傾向であり、「見たくないものは見えない」と同じような意味である。

訳註22「情緒に触発された道徳性」(morality touched by emotion) という言葉は、イギリスの詩人、批評家であるM・アーノルド (Matthew Arnold, 1822-1888) の著書『教養と無秩序』(*Culture and Anarchy*,1867-69、多田英次訳、岩波文庫、第一章、第二節) にある言葉である。デューイは、この他のイギリスの詩人では、R・ブラウニング (Robert Browning, 1812-1889)、P・B・シェリー (Percy Bysshe Shelley, 1792-1822)、W・ワーズワース (William Wordsworth, 1770-1850) から影響を受けている。彼は、詩を読むことや書くことを趣味にしていた。デューイの書いた詩は、死後発見され、一九七七年に一冊の本 (Jo Ann Boydston, edited, *The Poems of John Dewey*, Southern Illinois University Press,1977) として出版されている。

訳註23　レ　レリジュー (les religieux) とは、フランス語の「修道士」「修道女」という意味の名詞の複数形である。

訳註24　この言葉は、D・ヒューム (David Hume, 1711-1776) の著書『自然宗教に関する対話』(*Dialogues concerning Natural Religion*, 1777、福鎌忠恕・斎藤繁雄訳、法政大学出版局、一九七五年) の中の言葉である。そこでは、「……僕はあえて主張したいのだが、およそ民衆的宗教で死者の魂の状態をそのような状態がそんするること、それ自体が人類にとって好ましいことだと思わすような見方で示したものは、かつてなかった。宗教のこのような繊細な典型は、もっぱら哲学の所産だ。なぜなら死は一方では目前、他方では未来

の可能性の予測の中間に横たわっているのだから、この出来事は自然にとってはなはだ衝撃的であり、結果としては死を越えて広がるあらゆる領域に、一種の陰鬱さを投げかけずにいないし、また一般の人々に黄泉の国の怪物たちとか、復讐神とか、悪魔とか、業火や硫黄の奔流とかの観念を暗示せずにはいないのだ。確かに恐怖と希望の両者が入ってくる。そのわけは、これら二つの情念は時を異にして、人間の心を激動させ、そのいずれもが、それ自体に適合した一種の神を形成するからだ。しかしある人が、陽気な気分でいる時、彼はどんな種類の仕事にでも、あるいは遊びにでも適している。そして彼は自然にこれらに従事し、宗教などは考えない。憂鬱で落胆している場合、彼はもっぱら目に見えない世界の恐怖について考えをめぐらしたり、またさらに深く悲痛な気分に落ちこんだりする。現に起こりうることだが、彼がこのような具合に宗教的諸見解をわれとわが思惟と空想の中へ深く刻みこんだ後に、健康なり状況なりの変化が到来して、彼の陽気さをとり戻させ、未来への楽しい展望を回復し、彼を歓喜雀躍の他の極端へと走らせるということもありうるのだ。しかし認めねばならないことだが、恐怖が宗教の一次的原理であるように、宗教の中でつねに支配的であり、かつ快楽の短い間隙しか許さないのは情念なのだ。……」（一五八～九頁）と述べられている。

訳註25　この「自然への畏敬の念」(**natural piety**)という言葉は、「第2章　信仰とその対象」(五八頁)にもあり、「畏敬の念」(piety)という言葉は、デューイの『確実性の探求』(*The Quest for Certainty*, New York: Capricorn Books,1929, p.306, bL.W.4:244、『確實性の探究』植田清次訳、春秋社、一九五〇年)という他の著作の中にも見られる。S・C・ロックフェラー(Steven C.Rockefeller, *John Dewey:Religious Faith and Democratic Humanism*, New York: Columbia University Press,1991, p.495)によると、この言葉はイギリスの詩人であるW・ワーズワース(William Wordsworth, 1770-1850)から借りてきたとされている。それは、「虹」("The Rainbow〔My Heart Leaps Up〕", 1802)というタイトルの次のような短詩である。My Heart Leaps Up〔My heart leaps up when I behold A rainbow in the sky : So was it when my life began, So is it now I am a man. So be it when I shall grow old. Or let me die! The Child is father of the Man : And I could wish my days to be. Bound each to each by **natural piety**.(「虹」〈私

の心は躍る〉／私の心は躍る、大空に／虹のかかるのを見たときに。／幼い頃もそうだった。／大人になった今もそうなのだ、／年老いたときでもそうありたい／でなければ、生きてる意味はない！／子供は大人の父親なのだ。／願わくば、私のこれからの一日一日が、／**自然への畏敬の念**によって貫かれんことを（平井正穂編『イギリス名詩選』岩波文庫、一九九一年）。

第2章　信仰とその対象

訳註26　「不可知論」の原語は、"agnosticism"で、イギリスの生物学者である、T・H・ハクスリー（Thomas Henry Huxley,1825-1895）の造語である。懐疑主義が、普遍的な認識の成立を否定しながらも、種々な仕方で決定的な態度を保留するのに対して、不可知論はなんらかの意味において本体的なものと現象的なものとを分け、前者を知識の対象になりえないものとし、知識をもっぱら経験的な事実の範囲に限ろうとする。ハクスリーの不可知論には、カントの影響が見られ、存在を現象と本体（物自体）とに分けて、認識の範囲を厳重に経験の世界（現象界）に限ろうとした。ハクスリー以外には、スペンサーや実証主義者（positivist）などが、この立場の代表者である。

訳註27　「文献批評」の原語は、"literary criticism"であるが、前後の文脈からすると、高度な聖書分析を意味する「高等批評」（historical criticism, higher criticism）に近い。それは、歴史学と考古学などの最新のデータを使って、聖書が誰によってどのように書かれ、何を目的に生まれたものなのか、その編集と加筆、引用や削除の経過を分析することで、聖書から迷信や作り話などの夾雑物を取り除き、信仰にとって本質的な部分を抽出する学問である。しかしそれは「聖書は神の言葉ではなくて、ある時代の誰かが、何かの意図を持って描いた物語だ」ということを前提としているため、プロテスタントの保守派からは、こうした分析が、聖書をたとえ話や伝承にしてしまう危険性があると批判された。

訳註28　「ファンダメンタリスト」（Fundamentalist）は、「キリスト教原理主義者」と訳されるプロテスタントの保守派のことである。"Fundamentalist"という名称は、一九一〇年に、長老派を代表する組織、「合衆国

長老教会」(PCUSA:The Presbyterian Church in the United States of America)の大会で、「近代主義者」(modernists)を締め出す目的で、キリスト教信仰の基本的な聖書の霊感や権威として、聖書の無誤性、キリストの処女降誕(処女受胎)、代償的贖罪の教理、キリストの体の復活、イエス・キリストの再臨など、「五つの原理」が採択され、その年から五年間、各教派の保守派の共同執筆で"The Fundamentals"というパンフレットが、神学校や各地の教会に配布されたことに由来している。その後、こうしたファンダメンタリストの考え方は、科学と宗教の妥協を計ろうとする「リベラル派」(liberals)のプロテスタントやカトリック信者の間で、近代科学と相容れない頑固で時代錯誤的な思想という否定的なイメージで捉えられ、嘲笑や差別の意味の込められた言葉として使われるようになった。

アメリカのプロテスタントは、こうしたことも影響して、一九二〇年代から三〇年代にかけて、保守派(福音派)とリベラル派(主流派)に大きく分裂していくようになる。その契機になったのが、「高等批評」(historical criticism, higher criticism)という高度な聖書分析とダーウィンなどの「進化論」(evolution)である。「進化論」については、デューイ自身も、第3章の「宗教的効用の人間的居場所」で「スコープス裁判」(一九二五年)(「訳註52」参照)に言及しているところから、当時のアメリカの世俗化した社会状況がよくわかる。こうした「高等批評」や「進化論」が、一九二〇年代のアメリカの大衆社会において、「スコープス裁判」や「チャールズ・フランシス・ポッターとジョン・ローチ・ストラットンの論争」(一九二三〜一九二四年)などのポピュリズム的な「モダニスト・ファンダメンタリスト論争」(modernists-fundamentalists controversy)を引き起し、モダニストやリベラル派とファンダメンタリストとの両者の争いは最高潮に達した。

訳註29 「論点先取」(begs the question)とは、これから証明しようとしている問題点を真理と仮定して話を進め、巧みに論点を回避することで、"begging the question"(ラテン語:petitio principii)という詭弁で、虚偽の論法のひとつである。これは、結論が前提に含まれてしまっているために、論証のようでいて論証になっていない議論である。デューイは、「神秘的経験」という事実を解釈する際に、「超自然的なるもの」を論証しなければならないが、この解釈の観念に、外で形成された「超自然的なるもの」の概念(ア・プ

リオリな概念）を持ち込み、これを根拠にしていること、つまり問題である「超自然的なるもの」を真実と仮定して論じていることを、「論点先取」として批判している。これは具体的には、例えば「私たちは、創造主の超自然的知性が関与した完全なる秩序を見ることができるので、神は存在する」などで、神秘的経験の解釈から、この議論の結論部分の「神が存在する」を論証している。この前提の「私たちは、創造主の超自然的知性が関与した完全なる秩序を見ることができる」の中には、すでに結論の「神」は「創造主」という概念として含まれている。この「論点先取」は、「訳註7」のカントの「神の存在証明」で述べたように、カントが『純粋理性批判』（前掲書）の「純粋理性の理想（Ideal）」で、神の存在証明の「存在論的証明」（本体論的証明）の不可能性を主張する場合に、「現実の一〇〇ターレルは、可能な一〇〇ターレルより多くを含まない」（これは、概念や思惟状態の場合であり、財産状態では「現実の一〇〇ターレルは、可能な一〇〇ターレルより多くを含む」となる）という有名な一〇〇ターレルの比喩によって、「理想」として神の概念から、「現存在」（Dasein）としての神の存在を証明することはできないとしたことと、内容的には同じである。

訳註30　新プラトン主義（Neoplatonism）とは、三世紀にアレキサンドリアで活躍したギリシア最後の哲学者ともいうべきプロティノス（Plotinos, 204-269）が、プラトンと東方の神秘主義を結合させてもので、その神秘主義的傾向は後世の神秘主義に大きな影響を及ぼした。

訳註31　ウィリアム・ブレイク（William Blake, 1757-1827）は、情感豊かな抒情詩と神話的構造をもつ叙事詩（預言書）を数多く残したロマン派の詩人である。彼は、ロンドンの靴下商人の子として生まれたが、小さいときからよく幻覚を見た。正規の教育は受けず、母から読み書きを学んだ。「幻視者」（Visionary）の異名を持ち、唯理神ユリゼン（Urizen）やロス（Los）などの神話的登場人物（ゾアたち）が現れる『四人のゾアたち』『ミルトン』『エルサレム』などの「預言書」と呼ばれる作品群において独自の象徴的神話体系を構築した。初期においては、神秘思想家スウェーデンボリー（E. Swedenborg,1688-1772）の影響も見られた。詩の中では詩集『無垢と経験のうた』（*The Songs of Innocence and of Experience*,1789、長尾高弘訳、青空文庫）

に収められた、「虎よ、虎よ」（Tyger Tyger）で始まる『虎』（The Tyger）がよく知られている。晩年にはダンテに傾倒、イタリア語を習い、病床で約一〇〇枚にのぼる『神曲』の挿画（未完成）を水彩で描いた。

訳注32　「信仰復興運動家」（revivalist）の“revival”とは、アメリカのキリスト教史では、敬虔な信仰者の急速な増加を伴う「信仰復興」を指し、“revivalism”は「セクト」としての「信仰復興運動」を意味している。ピューリタンが建国したアメリカでは、この“revivalism”が何度も繰り返し起こり、キリスト教が土着化したことがひとつの大きな特徴である。新大陸に移住したピューリタンは、すべての人が必ずしも熱心なキリスト教徒として信仰生活を続けたわけではなく、開拓地には無法地帯や戦争もあり、信仰が冷めてしまったり、道徳的に退廃する状況もあった。また同時に大衆の間には、極端に知性を偏重するピューリタニズムへの強烈な反発として、「反知性主義」（anti-intellectualism）の土壌もあった。こうしたことを背景にして、アメリカのキリスト教は、「回心」（born again）体験と信仰的熱心さを重視した、時期によっては熱狂的とも言える信仰復興運動を数回に渡って経験している。

　最初の大きな“revivalism”は、十八世紀の「第一次大覚醒（The Great Awakening）」と呼ばれる、集団ヒステリーのような運動で、一七三四年の春に、マサチューセッツ州のノーサンプトンという小さな町で二人の若者が相次いで急死したことで回心ブームが起こった。その後、それは、改革派や長老派の教会でも始まり、ニュージャージーなど他の州へも飛び火した。一七四一年のジョン・エドワーズ（J. Edwards, 1703-1758）の説教『怒れる神の御手の中にある罪人』（*Sinners in the Hands of an Angry God*,1741、飯島徹訳、CLC出版、一九九一年）は、会衆派のニューイングランド全体に広がった。またJ・ウェスレー（J.Wesley, 1703-1791）やイギリスから渡米したメソジストの伝道者G・ホイットフィールド（G. Whitefield, 1714-1770）の運動は、新大陸の植民地各地にも広がった。例えば、アメリカの独立に貢献したベンジャミン・フランクリン（Benjamin Franklin, 1706-1790）は、ホイットフィールドの説教を絶賛している。また賛美歌“Amazing Grace”の作詞作曲で知られているニュートン（J. Newton, 1725-1807）は、奴隷船の船長だったが、嵐に遭遇して回心し、その後にウェスレーやホイットフィールドと出会い、彼らの影響を受けた。この賛美歌の内容は、彼自身の体験をもとにしている。

アメリカにおける二番目の大きな "revivalism" は、一八〇〇年から一八三〇年代の「第二次大覚醒」(Second Great Awakening) である。これは、「第二のアメリカ革命」とも呼ばれている。この時期に西部を中心に大きく勢力を伸ばしたのが、メソジストやバプテストである。特にメソジストは、「監督制」(episcopacy) と「巡回牧師制度」(circuit system) により急成長した。教会から正式に任命された牧師たちは、「巡回説教者」(circuit rider, traveling preacher, itinerant preacher) と呼ばれ、馬に乗って各地を回った。彼らの中には、「キャンプ・ミーティング」で活躍したフランシス・アズベリー (F.Asbury, 1745-1816) や最初に "revival" の語を文書にし、しばしば「最初のアメリカ人リバイバリスト」と呼ばれた、チャールズ・フィニー (C. G. Finney, 1792-1875) などがいる。フィニーは、一八三三年にオベリン大学の神学の教授となり、「宗教リバイバルとは何か」(Charles Grandison Finney, Lecturres on Revivals of Religion, New York: Fleming H. Revell Company,1868;Reprint, Fenwick,MI.:Alethea In Herrt, 2005:, Chapter1) という論文の中で「リバイバルは奇跡ではない」と断言し、リバイバルは、神頼みによるのではなく、それには自然の力を正しく用いる、人間の努力が必要であるとする、エマソンやプラグマティズムに近い考え方を示した。彼の活動で多くの回心者が生まれ、これが、刑務所改革や禁酒、女性参政権、奴隷制撤廃運動の発端ともなった。またバプテストは、メソジストに比べ、中央集権的な組織を持たなかったので、開拓者農民が中心となって、ケンタッキー州ケーンリッジとテネシー州で成長した。その後、こうしたメソジストやバプテストのリバイバルの精神が、ニューヨーク西部で聖霊の満たしときよめを求める「ホーリネス運動」を生むことになる。

「第三次大覚醒」(Third Great Awakening) と呼ばれる "revivalism" は十九世紀末に起こった。この時期はアメリカが農業社会から工業社会へと都市を中心にした国家に変化した時代である。このリバイバルは、敬虔なプロテスタントの教派に影響を与え、強い社会的な行動主義の色合いを持っていた。人類が地球全体を改革した後にキリストの再臨が来るだろうという千年紀の神学(「後千年王国論」)によって強化され、社会福音運動、世界伝道運動といった運動はこの覚醒から力を得て、ホーリネス運動、ナザレン運動などの新しい教派が形成された。その代表的なリバイバリストであるD・ムーディー（D.L. Moody, 1837-1899）は、一八六〇年にＹＭＣＡの会長となり、窮民救済事業を進め、南北戦争（一八六一〜六五年）の戦場に救援を送り、傷病兵を受け入れるなどの活動を行った。彼は、一八八〇年、インディアナポリスのＹＭＣＡの集会でゴスペル歌手アイラ・D・サンキー（I. David Sankey,1840-1908）の歌を聴いて感動し協力を求め、これ以降サンキーとコンビを組んで各地で大伝道集会を開いた。一八八六年には、ムーディー聖書学院を設立することによって、信仰復興運動をシカゴの彼の活動の最大の強調点とした。ムーディーは、聖書の「高等批評」などをほとんど理解せず、「進化論」にも興味を示さなかったため、彼の信仰は原理主義に転化しやすいところがあった。また彼の“revivalism”については、唯物論者のF・エンゲルス（Friedrich Engels, 1820-1895）の『空想から科学へ（空想から科学への社会主義の発展）』英語版への序論（Frederick Engels, *Socialism: Utopian and Scientific*. Translated by Edward Aveling. With a special introduction by the author. London, 1892）に、次のような記述がある。

「……イギリスのブルジョアは、すでに以前から庶民に宗教的な気分をもたせておくことの必要を確信していたのであるが、すべてのこのような経験のあとでは、この必要をどんなにいっそう強く感ぜざるをえなかったことであろうか？　大陸にいる自分の仲間の嘲笑には少しもおかまいなく、イギリスのブルジョアは下層身分にたいする福音伝道に年々幾千幾万の金を使いつづけた。自分自身の宗教機関には満足しないで、彼らは当時宗教的事業の最大の組織者だったブラザー・ジョナサンに訴えて、アメリカから信仰復興運動、ムーディやサンキーやその他を輸入した。……」（『マルクス・エンゲルス全集』第22巻、大内兵衛・細川嘉六訳、大月書店、一九七一年）

このことは、エンゲルスが、少なくともムーディーらの信仰復興運動を、ブルジョアが労働者階級を統治するための手段として理解し、実用主義的なビジネスや産業のような印象を持っていたことを示している。

“revivalism”は、以上のように第三次までは明確であるが、第四次以降は歴史家によってさまざまで、拡散しているところがある。例えば、二十世紀初頭の活躍したリバイバリストに、ビリー・サンデー（Billy Sunday, 1862-1935）がいる。孤児院に育ったビリーは、大リーグ「ホワイトストッキングス」（現シカゴ・カブス）の野球選手となって活躍し、その巨額の年俸を振って伝道者となり全米に知られるようになり、映画「エウマー・ガントリー」（Elmer Gantry, 1960）のモデルともなった。彼は、乱暴な仕草で壇上を走り回る過激な説教スタイルで、インテリには嫌われたが、大衆には好まれ、カネギーやロックフェラーなどの政財界の有力者とも親しく、セオドア・ルーズヴェルトやウッドロウ・ウィルソンの二人の大統領も彼には敬意を示し、白人至上主義を掲げるクー・クラックス・クラン（ＫＫＫ）など、アメリカのナショナリズムやキリスト教の土着化に影響を与えた。彼の活躍したこの時代は、アメリカが田舎の倦怠から都市の繁栄へ、そして第一次大戦と禁酒法へと進むときである。

何人かの経済学者、歴史学者は、一九六〇年代末から一九七〇年代にアメリカで起こったキリスト教の覚醒を、"revivalism"として「第四次大覚醒」（Fourth Great Awakening）と呼ぶこともある。しかし、それが大覚醒であるかどうかにかかわらず、実際アメリカに大きな変化が起こったことは確かである。最も伝統的なキリスト教団体である南部バプテスト教会とミズーリ・ルーテル教会の教会が急成長し、アメリカを横断して広がった。一方、エキュメニカル派のプロテスタントの会員は減少し、影響力も衰退した。他の福音主義とキリスト教原理主義の教派は急成長した。また増大するアメリカの世俗主義（同性愛者や中絶の権利を求める運動等）対して、保守的なキリスト教会は対決姿勢を持つようになった。

訳注33　セクト（sect）は、自発的に教義を選び入会し、会から分離した分派を指すことが多い。多くは小規模の組織で、布教には積極的である。

訳注34　「このタイプ推論の循環的な性質」（the circular nature of this type of reasoning）とは、「循環論法」（circular reasoning）のことで、ここで、デューイは、こうした二元論が、事実としての「神秘的経験」を解釈する場合に、「超自然的なるもの」の概念を論証しないで、「自然的なるもの」と「超自然的なるもの」とを分けて、前提とした「超自然的なるもの」の概念を使って、「神」への信念を妥当なものであるとする論証を

している点を批判している。この論法は、内容的には「訳註28」の「論点先取」と同じことで、「神秘的経験」という事実を解釈する際に、「超自然的なるもの」を論証しなければならないが、この解釈の観念に、外で形成された、「超自然的なるもの」の概念（ア・プリオリな概念）を持ち込み、これを根拠とすることで、問題の「超自然的なるもの」を真実と仮定して論じていることになる。

訳注35　この「循環」（circular）は、「神の顕在の意識をもたらさない場合に、……その経験は、純粋に宗教的な経験ではない」、「神の顕在の意識をもたらす経験だけが、宗教的である」というもので、それは、「宗教的でないものは、宗教的な経験ではない」、「宗教的な経験は、宗教的である」と同じであり、「非Aは非Aである」、「AはAである」という「同語反復」（tautology）のことを述べている。

訳注36　この「一部の心の固さか、さもなければ堕落が、その人がこの経験をできないようにしている（some hardness or corruption of heart prevents one from having the experience）という命題は、「訳註17」や「訳註19」でも指摘したように、デューイが、第1章の五頁で、オックスフォード辞典の定義から抽出した、「三つ事実」の中の「道徳的なモチベーション」（the moral motivations）という宗教的要素である。このような「道徳的信仰の欠如」（lack of moral faith）は、宗教的経験ができない根拠になっている。デューイは、それを『正当化する』信仰と呼ばれる行為」（an act called “justifying” faith）、「何らかの目的が行いに対して最高であるべきであるとする、確信のような信念」（belief that is a conviction that some end should be supreme over conduct）とも表現し、それを「知性的な信念」すなわち「思弁的あるいは知性的な信念」（speculative or intellectual belief）、「何らかの対象、あるいは存在が知性のための真理のようなものとして実在するとする信念」（belief that some object or being exists as a truth for the intellect）への転換として問題にしている。

訳注37　ミレニアム（millennium）の語源はラテン語の“mille”の「一〇〇〇」と“annum”の「年」である。もともとは、これまでの世界が終わりを遂げて、キリストが新たな千年間を支配する至福千年期が訪れるというキリスト教の終末論としての「千年王国」を意味していたものが、一〇〇〇年間を表す“century”と同じように「一〇〇〇年」間の意味でも使われるようになった。新約聖書の「ヨハネの黙示録」（二〇章

一〜一〇節）には、この世が終末を迎える前に、キリスト教徒の受難の時代があり、キリストがこの世に戻ってきて、サタン陣営が敗北し、キリストと生き返った殉教者たちが統治する千年王国が実現する、と書かれている。この考え方は、「千年王国論」と呼ばれ、思想的にはメシア信仰、贖罪、終末論とも関係し、中世後期からドイツ各地で見られた。「ドイツ農民戦争」（一五二四〜二五年）の指導者であった、T・ミュンツァー（Thomas Muntzer, 1489-1525）は、この千年王国論と神秘主義とを結合させ、単なる宗教改革を超えた急進的な宗教運動を目指したことから、結果的にルターと決別することになった。

「千年王国論」では、もともとキリストの再臨が千年王国実現の前なのか後なのかについては明確ではなかったため、その前後の関係について二つの解釈が生まれた。そのひとつは、千年王国実現の前にキリストが再臨し、キリスト自身が千年王国を実現するという「前千年王国説」で、もうひとつが、人々と教会が世の中を良くする努力を行い、千年王国を実現した後にキリストが再臨するという「後千年王国説」である。前者は、いつ訪れるかもしれないキリストの再臨までに、人々は信仰を深めておく必要があるため、悲観主義的傾向があり、ファンダメンタリストが信じている。この説が生まれた背景には、「ディスペンセーショナリズム」（Dispensationalism）（天啓史観、経綸主義）」という独特の聖書解釈がある。十九世紀後半に提唱されたもので、人類の歴史を「アダムの純真の時代」「モーセからキリストの法の時代」など七つの時代（Dispensation）に分け、現在は「教会の時代」にあって、もうすぐキリストが現れて「千年王国」の時代に入るとされている。こうした思想を集大成して、広めたのはテキサス州ダラスの会衆派教会の牧師C・I・スコフィールド（Cyrus Ingerson Scofield,1843-1921）だった。彼は一九〇九年にディスペンセーショナリズムと前千年王国説を下敷きにして詳しい注釈をつけた聖書『スコフィールド注釈付聖書』を刊行し、これがミリオンセラーとなって、ファンダメンタリストに強い影響を与えた。

こうした前千年王国説対して、後者の「後千年王国説」では、キリストの再臨は、千年王国の「後」であるため、千年王国は自らの手で実現しなければならないので、楽観主義的なところがあり、漸進的な社会改革を志向する主流派やリベラル派のプロテスタントが支持している。

デューイは、この箇所の前の部分で「外部のパワーへの依存性は、人間的な努力を放棄することのカウンターパートである。善さのために我々自身のパワーを働かすことを強調することは、エゴイズムでもなければ、センチメンタルに、楽天的に頼ることでもない」（Dependence upon an external power is the counterpart of surrender of human endeavor. Nor is emphasis on exercising our own powers for good an egoistical or a sentimentally optimistic recourse.）と述べていることから、ここではどちらかというと前千年王国説を意識して、「善さの至福千年」（a millennium of good）と表現しているように思われる。

訳注38 F・ナイチンゲール（Florence Nightingale,1820-1910）は、イギリスの看護師、社会起業家、統計学者、看護教育学者。近代看護教育の生みの親。病院建築でも非凡な才能を発揮した。クリミア戦争での負傷兵たちへの献身や統計に基づく医療衛生改革で有名である。

訳注39 J・ハワード（John Howard, 1726-1780）は、イギリスの博愛事業家で、監獄の改良で有名である。

訳注40 W・ウィルバーフォース（William Wilberforce, 1759-1833）は、イギリスの政治家、博愛主義者、奴隷廃止主義者。奴隷貿易に反対する議会の運動のリーダーを務めた。

訳注41 G・ピーボディ（George Peabody, 1795-1869）は、アメリカの企業家、慈善家で、労働者宿泊所、その他多くの公益事業に寄与した。

訳注42 「道徳的予言者」は、原語では“a moral prophet”で、古代イスラエルの宗教的指導者を意味する。後に国民的制限を脱して、純粋に倫理的宗教に達した。

訳注43 M・アーノルドは、イギリスの詩人、批評家であり、彼はいわゆる「教養」精神を唱え、平俗な実利主義をきびしく批判した。主著の『教養と無秩序』（*Culture And Anarchy*,1869、多田英次訳、岩波文庫、一九六五年）では、現実社会の三つの階級を、野蛮人、俗物、大衆ときめつけて、望ましい完全な人間完成が古典的な「教養」によって行なわれるべきだと説いている。「我々人間のものでない力」（power not ourselves）は、この中で述べられている宗教観である。アーノルドは、ヘブライズムの立場から外的行動を重視し、内的行動を軽視した。

訳注44　J・H・ブレステッド（James Henry Breasted, 1865-1935）は、アメリカの考古学者。シカゴ大学のエジプト学者であり、一九一六年に「肥沃な三日月地帯」（Fertile Crescent）という用語を著作『古代』（*Ancient Times, A History of the Early World*. Boston : The Athenaeum Press, 1916）の中で初めて使用し、以後多くの学者によって古代オリエントの中心地を指す用語として用いられるようになった。

訳注45　E・ヘッケル（Ernst Haeckel, 1834-1919）は、ドイツの生物学者であり、哲学者である。ドイツでダーウィンの進化論を広めるのに貢献した。生物を物理法則で説明しようとした。彼は医者であり、後に比較解剖学の教授となった。心理学を生理学の一分野であると見なした最初期の人々の一人で、現在ではごく身近な「門」や「生態学」などの用語を提唱した。

第3章　宗教的効用の人間的居場所

訳注46　「居場所」（abode）とは、もともと「住まい」という意味であるが、デューイは同じ言葉を『確実性の探求』（*The Quest for Certainty*, New York: Capricorn Books,1929, p. 306, L. W .4:244）という著作の中でも使用している。そこでは、「それよりも自然は、それの欠陥と不完全性にもかかわらず、人間性を包括しながら、諸々の理想や可能性や、自然の欠陥と不完全性に代わる抱負の源泉として、またあらゆる達成された善や、卓越性の最後の居場所として、心からの畏敬の念を呼び起こすことがある」と、「畏敬の念」を呼び起こす自然を「最後の居場所」（the eventual abode）と表現している。

訳注47　このロシアのユダヤ人コミュニティというのは、アメリカ社会のユダヤ系移民の中でも、それまでのユダヤ系移民の「セファルディ系」（スペイン・ポルトガル・北アフリカ系ユダヤ人）、「アシュケナージ系」（ドイツ系ユダヤ人）の後、十九世紀にロシアや東欧から少し遅れた第三グループの移民のことを意味している。彼らは、「シュテトル」というユダヤ人コミュニティで、「イディッシュ語」（ヘブライ語とスラブ語の付着したドイツ語の方言）を用いて、「ボグロム」（ユダヤ人に対する組織的攻撃）に怯えながら生活していた。彼らが置かれていた状況は、西欧や中欧のユダヤ人よりもさらに厳しい運命を背負い、

強いユダヤ人意識、ないしはヘブライ人意識を育てた。彼らは、貧しく、大都会に定住して「ゲットー」（ユダヤ人隔離居住区）を形成し、イディッシュ語を用いて、正統派のユダヤ教を頑固に保持してきた。

訳注48　コペルニクス（Nicolaus Copernicus, 1473-1543）ポーランドの天文学者。地動説を唱えて、中世キリスト教徒の懐く天動説を覆し、近世の思想界、科学界に大革命をもたらした。

訳注49　ニュートン（Isaac Newton, 1642-1727）イギリスの数学者、物理学者、天文学者。光の分析、万有引力、微積分法は、彼の三大発見といわれる。近世の数学、物理学、天文学の完成者である。

訳注50　ダーウィン（Charles Robert Darwin,1809-82）イギリスの博物学者。『種の起源』（*The Origin of Species*, 1859）を著し、進化論の祖と言われる。

訳注51　アインシュタイン（Albert Einstein, 1879-1955）ドイツ生まれの理論物理学者。相対性原理の発表をもって名高い。ナチスに追われたのちはアメリカに移住、帰化した。

訳注52　スコープス裁判（いわゆる「モンキー裁判」）、アメリカのテネシー州などバイブル・ベルトとも呼ばれる南部一三州では、ファンダメンタリストの活動により、一九二五年の三月に進化論は聖書の創造説に反するとして、公立学校で進化論を教えることを禁止する「反進化論法」（通称：バトラー法）が制定されていたために、この年の五月に、デイトン・ハイスクールの科学の臨時雇いの教員であるスコープス（John T. Scopes, 1900-70）は、生物の授業中にダーウィンの「進化論」を生徒に教えたという理由で逮捕され、七月一〇日から二一日までの計一〇日間の裁判になった（この裁判には、町おこしが絡んだ不純な部分もあった）。この裁判を弁護側で支援したのは、その当時反進化論法を廃止しようとしていた、リベラル派の団体だった「アメリカ市民自由連合」（ACLU、American Civil Liberties Union）であり、ACLUは著名な弁護士で、不可知論者として知られたクラレンス・ダロウ（Clarence Darrow, 1857-1938）を送り込んだのに対し、検察側では、大統領候補にもなったウィルソン政権下の国務長官だったウィリアム・ジェニングス・ブライアン（William Jennings Bryan, 1860-1925）が裁判官として参加したことから、この裁判は、進化論対創造説論争を象徴するものとして、ラジオや新聞などのメディアを通じて全米の注目を集めるこ

とになった。検察側が「進化論や社会進化思想にみられる適者生存論は、強者のみを正当化していて弱者を守ることとできない」と主張したのに対し、弁護側のダロウがブライアンに「どのようにして、イブはアダムの助骨からできたのか」「ノアの洪水の発生年代はいつか」などの質問を繰り返し、「神が実際に六日間で世界を創造したわけではないかも知れない」と、創造説の前近代性を認めさせた結果、裁判は常に弁護側に有利に展開し、全米にファンダメンタリズムのもつ非科学性、時代錯誤性が宣伝されることになった。だが、結果は圧倒的に保守派の支持を後ろ盾にしたブライアンの勝利となった（しかし彼は、五日後に裁判のショックから急死している）。結局、この裁判は進化論教育が行われたかどうかだけが争点となってスコープスは有罪となり、彼には罰金一〇〇ドルが科せられた。しかしその後、スコープスは州の最高裁判所で無罪となり、反進化論法も一九六七年に廃止されている。

訳注53　ここでデューイは「ルネサンスは、本質的には世俗主義の新たな誕生であった。」(The Renaissance was essentially a new birth of secularism.) と述べているが、それはどのような意味なのだろうか。「ルネサンス」と呼ばれる「近代」を象徴する運動は、中世の教会中心のあり方から自由な人間中心のあり方を追求したため、一般的には、その特徴は、「人文主義」(humanism) と言われている。デューイが、ここで「人文主義」ではなく、「世俗主義」(secularism) と表現したのは、どのような意図からなのだろうか。デューイは、この「世俗主義」以外にも、「世俗的」(secular)、「世俗化」(secularization) という言葉を使用している。英語の“secular”は、「この現在の世」という意味をもつ、ラテン語の“saeculum”に由来している。この言葉は、もともとこの世の時間的側面に関する、宗教的には中立の意味を持っている言葉であったが、早くから「宗教的世界」に対比して「この世」をも意味するようになった。また“secularization”とは、三〇年戦争の講話条約で、世界最初の近代的な国際条約でもあった、一六四八年のウェストファリア条約では、「財産が教会的権威から政治的権威に譲渡される」こと、言い換えれば「教会権威のコントロールからその領地または財産を解放する」という政治的なことを意味していた。その後、言葉の使用範囲が政治的な領域から文化的な領域まで拡大され、「人間が自分の関心をあの世からこの世に転ずる」ことを意

味するようになった。したがって「ルネサンスは世俗主義であった」の「世俗主義」とは、「人間の関心が教会の権威から離れて、あの世からこの世へ転化した」というような意味であると考えられる。

また一方で、この「世俗主義」は、「政教分離」や「信教の自由」の概念とも関係している。伝統的なアメリカの「政教分離」は、日本のような「政治と宗教の分離」(Separation of Politics and Religion)を意味するのではなく、「教会と国家の分離」(Separation of Church and States)だけを意味していて、それは「政府が特定の宗教（教会）に特別の便宜をはからない」とするだけで、「特定の宗教が政治に関わる」ことは認めている。

このことは、一七七六年の「独立宣言」の「われわれは、以下の事実を自明のことと信じる。すなわち、すべての人間は生まれながらにして平等であり、その創造主によって、生命、自由、および幸福の追求を含む不可侵の権利を与えられているということ。」(We hold these truths to be self-evident, that all men are created equal, that they are endowed by their Creator with certain unalienable Rights, that among these are Life, Liberty and the pursuit of Happiness.)とあるように、「創造主」が明記されていたり、一七九一年の憲法修正第一条に「連邦議会は、国教の樹立に関し、自由な宗教活動を禁止し、言論または出版の自由、平和的に集会し、苦情の救済を求めて政府に請願する人民の権利を縮減する法律を制定してはならない。」(Congress shall make no law respecting an establishment of religion, or prohibiting the free exercise thereof; or abridging the freedom of speech, or of the press; or the right of the people peaceably to assemble, and to petition the Government for a redress of grievances.)と、「政教分離原則・信教、表現の自由」があることからも理解される。

もっと具体的でわかりやすい例で言えば、アメリカ国民が日常使っている紙幣や硬貨にIN GOT WE TRUSTという文字があることや、アメリカの小中学校は、日本のように卒業式や入学式といった式典の時だけ日の丸を掲示するのではなく、教室の黒板の横に必ず星条旗が飾られ、子供たちは、星条旗の前で胸に手を当てて、「私は、米国国旗とそれが表す、神の下にひとつになった自由と正義の国、合衆国に忠誠を誓います。」(I pledge allegiance to the Flag of United States of America, and to the Republic for which it stands, one Nation under God, indivisible, with liberty and justice for all) と『忠誠の誓い』(Pledge of Allegiance) を暗唱させられることがある。また、政教分離が設けられているが、大統領が、大統領就任式やその他の行事でも、ことあるごとに「アメリカに神の祝福がありますように」(May God Bless America) と言ってスピーチを終えることがよくある。宗教社会学者のロバート・ベラー（Robert N. Bellah, 1927-2013）は、こうした他民族国家を統合し、政治に宗教性が介入するアメリカの宗教を分析して、ルソーの『社会契約論』の中から言葉を借りて、アメリカの「市民宗教」(civil religion) と呼んだ。こうした考え方は、キリスト教のプロテスタントの立場全般に共通する、アメリカ社会の「見えざる宗教」の特徴でもある。

　したがって「世俗主義」には、「日常生活が宗教生活を衰退させる」という意味ではなく、政治的なことも含めて「日常生活そのものが宗教生活と一致する」、あるいは「日常生活の中で積極的に宗教的生活が求められる」という意味も考えられる。

訳注54　「自然宗教」（natural religion）とは、一般には神の恩恵に基づく「啓示宗教」に対して、人間の本性である理性に基づく宗教であり、理神論などもその類とされることもある。ここでは、デューイの念頭に、ルソー（Jean-Jacques Rousseau, 1712-1778）の「自然宗教」があるように思える。ルソーの宗教論は、著書『エミール』（*Emile ou de l'éducation*, 1762、今野一雄訳、岩波文庫、一九六二年）の第三編中の「サヴォアの助任司祭の信仰告白」や『社会契約論』（*Du contrat social*,1762、中山元訳、光文社古典新訳文庫、二〇〇八年）に見られ、カントにも大きな影響を与えたとされている。

訳注55　「会衆派」（congregations）とは、キリスト教のプロテスタントの一教派で、全信徒は聖職者として神と直接関係に立つとするピューリタンである。それは個々の教会の自主性を要求したので、「独立派」（independents）とも呼ばれた。デューイは、一八九四年にミシガン大学を去り、シカゴ大学に移るまでは、会衆派の教会に所属していた。教会の教会政治において、「会衆制」と呼ばれる教会員の直接民主制に近い制度を採ることが特徴で、各教会の独立自治を極めて重視している。"Congregation" の語源は、ラテン語の

“congregations”（共に集まれるもの）に由来する。この言葉には、イエス・キリストの名において集まる群れの中には、信仰において生きたイエス・キリストがともにいて、群れに集う一人ひとりの思想と行動を導き、それぞれの「群れ」（各教会）を政治的に独立させるという意味がある。したがって、会衆派教会は、イエス・キリストへの信仰に生きる会衆一同による会衆制と、各教会こそが教会の基本的・本質的要素を担っているという確信による各教会の独立自治とを特色とする。各教会は、イエス・キリストへの信仰において、それぞれの教会と「契約関係」（covenanted）で集まっている人々から成り立っていて、各教会はいかなる信仰的・世俗的権威からも自由に、ただ神の感化によって信仰と生活との規範を定め、実践する。それは、初代教会が実践し、新約聖書に証されている教会制度であるという会衆派教会の自己理解によるものであり、宗教改革の流れに属するものの、いかなる教会的・教理的信条にも拘束されない自由を尊重している。

訳注56　「超越主義」（transcendentalism）とは、アメリカの思想家R・W・エマソン（Ralph Waldo Emerson, 1803-1882）とその周囲の文人，宗教家たちのロマン主義の思想を指している。「超絶主義」とも訳される。エマソンは、アメリカ合衆国マサチューセッツ州ボストンに生まれ、一八歳でハーバード大学を卒業し二一歳までボストンで教鞭をとった。その後ハーバード神学校に入学し、伝道資格を取得し牧師になる。その後自由信仰のため教会を追われ渡欧、ワーズワース、カーライルらと交わる。帰国後は個人主義を唱え、アメリカの文化の独自性を主張した。その代表者として、彼が一八三六年に『自然』（*Nature*,1836、『自然について』エマソン選集第1巻、斎藤光訳、日本教文社、一九六〇年）を出版した後、彼の周囲に、ユニテリアン派の牧師たちや、随筆家のH・D・ソロー、教育家のA・B・オールコット、批評家のS・M・フラー、詩人のチャニング、ベリーなど、さまざまな人たちが集まった。

訳注57　「パリパス」（pari passu）は、ラテン語の“pari”（等しい）、“passu”（歩調）での造語で、「等しい歩調で」（足並みを揃えて）の意味である。

訳注58　「リベラル派」（Liberal）には、「訳註6」でも示したように二つのパターンがある。ここでデューイ

が「現在のリベラル派の宗教サークル」と呼んでいるのは、「分離した二つの価値のシステムがある」（there are two separate systems of values）、「二種類の真理の新事実」（a revelation of two kinds of truth）、「真理の二重の新事実」（the dual revelation of truth）などの二元論的な表現から考えて、プロテスタントの「エキュメニカル派」（Ecumenical）や「ユニテリアン」（Unitarian）に近いと思われる。

訳注59　フランス語 “rôle”（「ロール」）

訳注60　C・E・エアーズ（Clarence Edwin. Ayres, 1891-1972）アメリカの経済学者。制度学派、制度経済学（institutional school, institutional economics）に属し、経済現象を抽象的・普遍的な数字で捉えず、具体的な社会制度（社会的習慣）の問題として捉えようとした。実際の市場では、人は感情的に行動したり自己利益を最大に取ろうとする人もいるため、市場の失敗が起こりかねないので、市場には買い手と売り手を監視したり制限する政府や団体や委員会などの制度（Institution）を導入し、経済活動を行うべきだと考えた。

訳注61　レッセフェール（laissez faire）とは、フランス語で「なすに任せよ」（自由放任）の意味。経済学で頻繁に用いられており、その場合は、政府が企業や個人の経済活動に干渉せず市場のはたらきに任せることを指す。一般には「自由放任主義」と訳される。デューイは、この言葉を「現在、社会的な諸問題の改善において超自然的な介入をアピールすることも、やはり深く根ざした**自由放任主義**の表現である。しかし、それは、我々が社会の出来事や関心に人間が介入するのを、不適切で無用とする考え方によって追い込まれる絶望的状況を認めることになる。これらの現代の神学者たちは、社会的変革に関心をもちながら、同時に超自然的なるものに有利になるように、人間の知性や努力を軽視している。彼らは正反対の方向に向かっている二頭の馬に乗っているようなものである」として、現代のリベラル派の神学者の自由主義的な考え方を批判している。

訳注62　この「知性と融合しない情緒は、盲目である」の部分は、カントの主著『純粋理性批判』（*Kritik der Reinen Vernuft*, 2. Auflage,1787、『純粋理性批判2』中山元訳、光文社古典新訳文庫、二〇一〇年）の中の「内容のない思考は空虚であり、概念のない直観は盲目である」（B75）を意識しているものと考えられる。カ

ントは、この中で認識の成立には、直観的表象に対して概念を用いて思考する知性が不可欠であることを、「盲目である」と比喩的に述べているが、デューイの「情熱的知性」は、それをさらに徹底して、感性に対して知性が不可欠なだけでなく、感性、すなわち情緒も知性と同じように、ともに不可欠であることを強調して、同語反復と述べているものと思われる。

訳注63 フランス語 "élan"（「エラン」）。デューイは、ベルクソン（H.L. Bergson, 1859-1941）の「エラン・ヴィタル」（élan vital）や「エラン・ダムール」（élan d'amour）を意識して、この言葉を使用していると思われる。一九二〇年の『人間性と行為』（*Human Nature and Conduct*, :An Introduction to Social Psychology,1920、『人間性と行為――社会心理学序説』東宮隆訳、春秋社、一九五一年）という著作では、「創造的知性」（creative intelligence）は、ベルクソンの「創造的進化」（évolution créatrice）の意味であるとも述べている（pp.73-74）。

訳注64 『新約聖書』「マタイ福音書」第二五章、第三三節には、「羊を右に山羊を左に置く」（He will put the sheep on his right, and the goats on his left,）とある。

訳注65 デューイは、「共通する兄妹の間柄」（the common brotherhood）という言葉で、キリスト教のスピリチュアルな貴族主義にある「同胞愛」（brotherly love）を批判している。ハンナ・アーレント（Hannah Arendt, 1906-75）も、同じように『人間の条件』（*The Human Condition*,1958、志水速雄訳、ちくま学芸文庫、一九九四年）の中で、キリスト教の「無世界性」について、「キリスト教の共同生活がただ同胞愛の原理だけに支配されている限り、公的領域がこの生活から生まれてくるようには思われない」（八〇頁）と述べている。

解説

本書は、J・デューイの"A Common Faith"（1934）の翻訳である。この著作は、二〇世紀に入り、近代の科学技術の弊害や産業化、都市化の歪みが誰の目にも明らかになった時代、一九三四年に、デューイが七五歳のときに、テリー財団（The Dwight Harrington Terry Foundation）から「科学と哲学の光に照らして考察された宗教に関する講演」（Lectures on Religion in the light of science and philosophy）を依頼され、エール大学で行った三回シリーズの講演を基にしている。その際に、十万ドルの寄付がこの運営とそれに付属する書籍刊行のための基金として贈られている。

この講演は、「この基金の目的は、科学的研究や発見を促進することにあるのではなく、むしろ、これまで発見された、あるいはこれから発見されるかもしれぬことを吸収し、解釈することにあり、とくに、拡張され純化された宗教の構造の中に科学と哲学との真理を組み入れることによって、これまで発見された事柄を人間の福祉に適用することにある。設立者は、このような宗教が、人間の条件を改善し、人間をよりたくましく、より立派な性格にしようとする向上への知性的努力を大いに刺激するものと信じる。この目的のために望まれることは、講演あるいは連続講演が、それぞれの部門、即ち倫理学、文明史および宗教史、聖書研究、主題と重要な関係をもつあらゆる学問や知識の分野、すべての偉大な自然法則、とくに進化の法則……それに、この基金の精神と一致するような文学および社会学の解釈などの諸部門で卓越した人々によっておこなわれることであり、それは、キリスト教の精神が世界中の知識が完全な光において育成され、また、人類がこの地上において可能なる最高の福祉と幸福とに達するのに役立つためである。……」というテリーの遺志を継ぎ行われた。

デューイが、この講演で意図したことは、人間を、自然や社会環境との「相互性」(interaction)においてだけ生活できる「有機体」(organic)として理解し、科学的思考としての「探究」(inquiry)の方法を、社会や道徳の問題にも通用させることであった。

デューイが宗教について語るのも、この文脈においてである。デューイは、プラグマティズムの立場から、「宗教的なるもの」(the religious)と「超自然的なるもの」(the supernatural)とを同一視する「宗教」(religion)、さらには「非宗教」(non-religion)までも批判し、「宗教的なるもの」を「理想目的」(ideal end)として、その効用(function)を、「自然的なるもの」(the natural)から分離することのない「自然への畏敬の念」(natural piety)として、また、社会においては「公的な関心」(public interest)として位置づけ、宗教の人間的居場所を哲学的に復活させようとした。

第一章　宗教対宗教的なるもの

“religion” と “religious”

デューイの宗教論の最大の特徴は、この第一章の「宗教対宗教的なるもの」というタイトルにも見られるように、「宗教」(religion)と「宗教的なるもの」(the religious)を区別したところにある。

デューイは、これまでの「宗教」と「非宗教」との対立には、それらに共通する観念として「宗教的なるものの超自然的なるものとの同一視」(identification of the religious with the supernatural)があるとし、「宗教的なるもの」(the religious)を、「超自然的なるもの」から派生した「夾雑物」(encumbrances)を含む「宗教的なるもの」と、「純粋に宗教的なもの」(What is genuinely religious)との二つに分けた。

そして、前者を実体名詞としての"religion"、後者を形容詞としての"religious"、あるいは「経験の宗教的側面の性質」(the nature of religious phase of experience)、「宗教的質」(the religious quality)とも呼んで、それを、狭義の「宗教的なるもの」として、前者の"religion"から区別した(*Ibid*, pp.1-3, pp.9-10)。

オックスフォード辞典の宗教の定義、「三つの事実」

この「宗教的なるもの」を明確にするために、デューイはまずオックスフォードの辞典の中の宗教の定義から「三つの事実」と呼ばれる、宗教的要素を抽出することから始める(*Ibid*, pp.3-5)。一つは、「目に見えないパワー」(unseen powers)という宗教的対象、二つ目は、「従順」(obedience)、「尊敬」(reverence)、「崇拝」(worship)といった、人間の側の宗教的対象の表現の仕方、三つ目は、宗教的対象を認める理由で、デューイは、これをアピールされ、利用されるような『道徳的なモチベーション』(moral motivation)と呼んでいる。

「宗教的経験」と「経験の質としての宗教的」との区別

以上のように「二つの事実」としての宗教的要素を明らかにして、デューイは、さらに「宗教的経験」(religious experience) と「経験の質としての宗教的」("religious" as a quality of experience) とを区別する (*Ibid*, pp.9-14)。この二つの区別は、デューイの「宗教的なるもの」を理解する上で極めて重要である。彼の脳裏には、一九世紀から二〇世紀初頭にかけて登場した「クリスチャン・サイエンティスト」や、キリスト教の「リベラル派」などの教派 (denomination) のスピリチュアルな「宗教的経験」があると想像される。

デューイが、こうした「宗教的経験」を批判するのは、「神秘的経験」(mystical experience) という「事実」(fact) に対してではなく、それについての「解釈」(interpretation) であり、その「理論」(theory) に対してである (*Ibid*, pp.34-40)。それは、自然科学の「実験的方法」(experimental method) をモデルにして、これと類似した方法で、「宗教体験」や「神秘体験」などの宗教的経験から、「神の存在」(the existence of Got) を証明しているところである。デューイは、このことをあるライターの印象的な記録を例にあげて、次のように説明している。

あるライターが、次のように言っている。「私は、働き過ぎから体をこわし、まもなく神経衰弱のようになった。眠れない夜のある朝……私は、そのようにいつまでも自分自身に頼ることをやめ、神に頼ろうと決意した。私は、私が自分の生命をその究極の起源に関係させ、私が神のもとで生き、行動している、という意識を取り戻し、さらに自分の存在を経験できるような、静かなる時間を、毎日取っておくことを決心した。それは、三〇年前であった。そのときから、私は文字通り、暗くあるいは絶望の時間を経験したことがない」(*Ibid*, pp.11-12)。

このようなリベラル派の「宗教的経験」に似た体験は、経験の宗教的な局面を説明しているとされるが、デューイによれば、この推理がこの「印象」(effect)をもたらすのは、キリスト教の人格神としての「神」を条件としている場合だけに限られている。したがって、この理論は、実験科学の方法と類似した方法によって、証明されていることを示すための推論でしかないと批判されている(*Ibid*, pp.12-13)。

この部分は、第二章の「信仰とその対象」の神秘主義批判(*Ibid*, pp.51-52)にも繋がっていく内容でもあり、デューイによれば、こうした「神の存在」の証明は、科学の「実験的方法」の影響を受けているものであり、この証明の推論には、「論点先取」(beggs the question)や「循環」(circular)が見られるとされる。「論点先取」とは、「超自然的なるもののア・プリオリな概念」(a priori conception of the supernatural)を論証しないで、「自然的なるもの」(the natural)と「超自然的なるもの」とを分けて、前提とした「超自然的なるもの」の概念を使って、神の「存在」(existence)を妥当なものであることを証明しようとする推理である。また「循環」とは、「神の顕在の意識をもたらす経験だけが宗教的経験であるとする」(*Ibid*, pp.35-40)論証であり、それは、「宗教的でないものは、宗教的な経験ではない」、「宗教的な経験は、宗教的である」と同じであり、「非Aは非Aである」、「AはAである」という「同語反復」(tautology)のことを述べている。これは、例えば「あなたはゴルフをしたことがないので、そのおもしろさがわからない。もしゴルフをしたならば、そのおもしろさがわかる」と言うことと同じことで、そこでは「すべてのゴルフをやった人は、そのおもしろさがわかる」ということが、ア・プリオリに前提されている。

「経験の質としての宗教的」

それでは、こうした「神秘的経験」のような「宗教的経験」が「論点先取」や「循環」といった証明の推理によって解釈されているとしたのに対して、デューイが、それとは区別した「経験の質としての宗教的」とは、具体的にはどのようなものだろうか。

デューイは、それを「宗教的力があるような経験のようなもの、それは、こうして生きる上でのプロセスで、そのために、それが何をなすかという理由からそうなるのであるが、……」(an experience having a religious force because of what it does in and to the processes of living) (*Ibid*, pp.14-15) とし、それを「調整」(adjustment)、あるいは「再方向づけ」(reorientation) と言い換え、それらは、人間が環境や外的条件に適応するための「態度」(attitude) の一つであるとしている。

三つの態度(順応、適合、調整)

デューイがあげる、人間の環境や外的条件への適応性 (application) としての態度は、(1)「順応」(accommodation)、(2)「適合」(adaptation)、(3)「調整」の三つである (*Ibid*, p.15)。

(1)の「順応」は、我々が「頼みとするもの」(recourse) をもたない場合に、例えば天候や収入の変化など、我々が変えることのできない条件に「条件づけられる」、「慣らされる」ことである。こうした態度には、それが行為の特定のモードに影響を与え、全体の自己にではないこと、またプロセスが主に受動的であるという二つの特徴がある。

(2)の「適合」とは、諸条件に対して「対抗する」(re-act)ことで、それらを我々の「欲求や要求」に合うようにするものであり、例えば外国語の演劇をその国の慣習のニーズに合うように吹き替えたり、遠距離のコミュニケーションのための電話の発明など、諸条件を「変更する」(modify)とである。こうした態度には、それを我々の「欲求や目的」に「順応させる」という能動的な特徴ある。

(3)の「調整」は、我々の「存在」(being)に付随する態度であり、それは、諸条件が、その関係において整理され、収拾されるような永続的な「我々自身の変更」(modification of ourselves)である(*Ibid*, p.16)。

デューイは、この三つ目の態度について具体的な例をあげていないが、「そこには、我々の存在の多様な要素を構成し、調和させることがあるので、その結果、我々を取り囲む特別な条件に変化があるにもかかわらず、さらにまた我々との関連において整理され、収拾される」(Ibid, p16)として、この調整における変化が起こる場合に、それが「宗教的態度」であるとしている。また、この態度には、「服従」(submission)の特徴があるが、それは、自発的(voluntary)であり、同じように自発的に思われても、それは、ストア派の「決意」(resolution)や「意志作用」(volition)とは異なったものであるともしている。

ストア派の心理主義への批判

ストア派には、「アディアポラ」(adiapora)と呼ばれる、富や名声など「どうでもいいもの」(善悪の判断ができないもの）に執着しない態度から、「アパテイア」（apatheia）という冷静な境地が生まれるという思想がある。この考え方には、心理主義的なところがあるために、現代ではA・エリス（Albert Ellis, 1913-2007）のREBT(Rational Emotive Behavior Therapy)＝「論理療法」やCBT(Cognitive Behavior Therapy)＝「認知行動療法」などのカウンセリングに取り入れられている。基本的には、人間がどのような“belief”や“schema”を持つかということが、結果的にその人の感情や行動を左右するというものである。

例えば、クライエントが何か或ることに失敗した〈出来事〉(activating event) ことで、「あんなところで失敗があってはならない」、「自分ともあろう者が、あのことではもっと完全にやれたはずなのに……」と心理的に落ち込みこんでいる〈結果〉(consequence) に対して、カウンセラーが、この出来事と結果との間に「失敗をしてはいけない」、「完全であらねばならぬ」などの不合理な思い込み、“irrational belief”があることをクライエントに気づかせ、それを「もちろん失敗しない方がいい。でも人間だから失敗することもあるだろう。失敗から学ぶことだ」という合理的な信条、“rational belief”によって理性的に反論させる (dispute) ことであり、このことでクライエント自身が心理的な落ち込み（情動）から解放されるというものである。デューイがここで批判している「ストア派の決意」(Stoical resolution) とは、それに近い態度であると考えられる。

デューイは、こうした心理主義的なストア派の「決意」や「意志作用」を「意志に**おける**、何らかの特別な変化」(any special change *in* will) であって、それを単に忍耐的なだけでのものと批判している。これに対して、デューイの「調整」とは、もっと永続的なものである。デューイは、この態度を「我々の存在の有機的な満足感として考えられる意志**そのものの**変化」(a change *of* will conceived as the organic plenitude of our being) (*Ibid*, p.17) とも表現している。この「調整」の場合には、「想像力」(imagination) の働きが不可欠で、それは自己が宇宙と「調和している」(harmonizing) という宗教的態度であるために、「パースペクティブ」(perspective)、「畏敬」(awe)、「自然への畏敬の念」(natural piety)、「探究」(inquiry) などの概念と結びついている。

宗教的態度としての「調整」の想像力の働き

では、このような宗教的態度としての「調整」では、「想像力」はどのように働くのであろうか。デューイは、サンタヤーナ(George Santayana,1863-1952)を引用して、想像力の働きには、「介入する」(intervene) と「付随して起こる」(supervene) の二種類があるとし、それぞれを「互いに浸透する」(interpenetrate) と「織り混ぜ合わされる」(interwoven) と自分自身の言葉で言い換えている。「調整」という宗教的態度は、想像力が、前者のように「人生」、あるいは「生活」(life) の中に「介入する」場合に可能であり、後者のように想像力が後に「付随して起こる」だけで「介入する」ことがない場合には、それは「普遍的で、道徳的な効用」(a universal and a moral function) をもつが、それは抑圧的で、サディステックな「観察や訓練」(observation and discipline) でしかなく、その想像力は制限されていて、部分的なものでしかないとされている (*Ibid*, pp.17-19)。

「思弁的、あるいは知性的な信念」と「『正当化する』信仰と呼ばれる行為」との区別

そこからデューイは、こうした制限された想像力の働きを、「信念」(belief)や「信仰」(faith)の道徳的、実践的な価値の問題と関係させて説明する。道徳的、実践的な意味の信仰や信念は、「思弁的、あるいは知性的な信念」(speculative or intellectual belief)、即ち「何らかの対象、あるいは存在が、知性のための真理として実在するとする信念」(belief that some object or being exists as a truth for the intellect)から区別されて、「『正当化する』信仰と呼ばれる行為」(an act called "justifying" faith)、あるいは「何らかの目的が行いに対して最高であるべきであるとする、ある確信のような信念」(belief that is a conviction that some end should be supreme over conduct)と呼ばれ、それは、「道徳的信仰」(moral faith)とも表現されている(*Ibid*, pp.20-21)。

「道徳的信仰」

デューイが「道徳的信仰」と呼んでいる、この信仰は、先に宗教の定義から抽出した、「三つの事実」(宗教的要素)の中の宗教的対象を認める理由である、三つ目の「道徳的なモチベーション」に関係している。

例えば、二〇一一年の東日本大震災(2011.3.11)には、災害の直後に、政治家たちによる「天罰」、「天誅」、「天の恵み」などの超自然的な言説による、災害を「天」と結びつけて、人々の不安を煽るような天罰論があった。嘗て一九二三年の関東大震災の際にも、これと同じような言説は見られた。当時、こうした天罰論は、「地震は、天譴《てんけん》、天の咎めだ」として「天譴論」と呼ばれた。こうした

論を唱えたのは、政治家だけではなく、天譴論を唱えた代表者には渋沢栄一や内村鑑三もいた。彼らは地震の科学的な原因を説明せず、政治、経済における「私利私欲」や市民の「堕落」といった、被災の「道徳的理由」を主張した（鏑木政彦「災害を日本人はいかに受け止めてきたか―関東大震災の場合」『高校倫理からの哲学　別巻（災害と向き合う）』岩波書店、二〇一二年、四〜八頁。朝日新聞、二〇一二年一〇月一日夕刊）。

こうした大地震や津波など、大きな自然災害の直後に、道徳性の欠如を示すような天罰論や天譴論が起こる背景には、デューイが宗教的対象を認める理由とした「道徳的なモチベーション」、即ち「道徳的信仰の欠如」がある。それは、災害の際に人間が「我欲」から道徳的に「堕落」していると して、被災の道徳的理由を強調することで、実践的な道徳的価値の問題を地震や津波などの「災害」の原因という事実の問題へすり替えることである。

デューイは、この制限された想像力の働きを、次のように述べている。

「あるものは、我々の力の及ぶ範囲では、現存すべきであるという信仰が、それが、すでに現存しているという知性的な信念に変えられたのである。物理学的実在物が、この主張を証明できないとき、この物理学的なるものは、巧妙に形而上学的なるものに変えられたのである。このようにして、道徳的信仰は、超自然的なるものについての知性的な信念に問題が解決できないように結びつけられてきたのである」(*Ibid*, pp.21-22)。

デューイは、またそれを同時に心理主義の問題でもあるとして「我々には、熱烈にそのようにしたいと望むことは、そのことが前々からそのようにあると信じる傾向がある」(*Ibid*, p.22) とも説明している。

デューイは、「道徳的信仰というものが、容易なものではない」ので、これまで様々なタイプの議論によって、その対象が理想ではなく、それの我々への主張が、本来は道徳的でも、実践的でもないことを証明しようとして、「道徳的なリアリティを知性的な同意の事柄に転換してきた」(*Ibid*, p.21)としている。それは、問題の「理想」(ideal)が、すでに諸事物の実際的な構造の中にはめ込まれていて、その理想は、実在する諸事物の核心部分で、すでに究極的なリアリティであり、我々の諸感覚、あるいは人間の「本性の堕落」(the corruption of our natures)だけが、我々が、その先行して現存している存在を把握するのを妨げている、などの議論である。

「自然主義的誤謬」

この部分は、第一章では最も難解な箇所であるが、この宗教論にとっては最も重要な箇所でもある。こうしたもともと実践的で、道徳的な信仰を、「知性的な同意の事柄」として「知性的な信念」に転換しようとしても、それは、人間の認識能力を超えているような「理想」であるため、「証拠」(evidence)がなく、その「物理学的実在物」(physical existence)を証明できないので、「形而上学的なるもの」(the metaphysical)、「超自然的なるもの」(the supernatural)に置き換えられる。

哲学では、一般的にこうした「道徳的信仰」を「知性的信念」に転換し、「物理学的実在物」を「形而上学的なるもの」、「超自然的なるもの」へ置き換えることは、「自然主義的誤謬」(naturalistic fallacy)とばれている。それは、「〜すべきである／〜すべきでない」、あるいは「〜したい／〜したくない」(「〜と望む/〜と望まない」)という道徳的、あるいは心理主義的な価値判断を「〜である/〜でない」という事実判断、あるいは「〜であるはずである/〜であるはずがない」、「やっぱり〜だった/もともと〜でない」という形而上学的判断に置き換え、それと同一視することである。デューイは、これまで多くの宗教に、こうした「自然主義的誤謬」(デューイ自身は、この言葉を使用していない。)と同じ問題があったと指摘している。

ここでのデューイにとっての宗教的問題とは、想像力が「付随して起こる」だけで「介入する」ことがないように制限されている場合に、この「自然主義的誤謬」が生じ、「実践的」、「道徳的」なもの(道徳的信仰)が「知性的」、「思弁的」、あるいは「物理的」、「形而上学的」なもの(知性的な信念)へ変化し、転換してしまうことにある。

「情緒に触発された道徳性」

このように、デューイは、「道徳的なモチベーション」による「道徳的信仰」の限界を指摘しているが、「宗教的なるもの」と「道徳性」との関係性を否定してはいない。彼は、M・アーノルド(Matthew Arnold, 1822-1888)の「情緒に触発された道徳性」(morality touched by emotion)という言葉を引用して、次のように述べている。

「宗教的なるものは、『情緒に触発された道徳性』である。それは、あくまでも道徳的な確信の目的が、単に情熱的なだけでなく、それらが自己を統一するために、目的によって、そのように包括的に行動し、サポートされるような、諸々の情緒を刺激する場合である」(*Ibid*, pp.22-23)。

このことは、デューイが「道徳性」(morality)の延長に、自己を統一するような「情緒」(emotion)としての「宗教的なるもの」、所謂「宗教的情操」のようなものが必要であると考えていることを示している。

「パースペクティブ」

以上のように、デューイは、(3)の「調整」では想像力が制限されず、単に「付随して起こる」のではなく、「介入する」ように働いているので、この態度は、現実世界の「小刻みに変化する暮らしのエピソード」(the piecemeal and shifting episodes of existence)に、「パースペクティブ」(perspective)をもたらすとしている。

この「パースペクティブ」は、一般に「全体的見通し」、「展望」、あるいは「遠近法」とも訳されるが、デューイが「純粋な」(genuine)、「安定した」(stable)、「適切な」(just)と形容した「パースペクティブ」には、哲学では、ソクラテスの「無知の知」やカントの「超越論的」とも訳されている「先験的」(transzendental)に近いような意味がある。

カントは、『純粋理性批判』(*Kritik der reinen Vernunf*, 1781, 1787)の弁証論(B352)で、批判哲学の立場から可能な経験の限界を超えて、「仮象」(Schein)を生み出すように、「知性」(Verstand)の原則を使用することを、「内在的」(immanent)ではなく、「超越的」(transzendent)と批判し、無条件者を求めて経験の限界を超え出ようとする傾向を持つ「理性」(Vernunft)の使用を、可能な経験の限界内にとどめた。こうした哲学的な態度は、経験を重視するデューイが、「理想」(ideal)や「目的」

(end) の根拠を、「超自然的なるもの」(the supernatural) に求める超自然主義を批判したことと共通している。

カントは、弁証論付録 (B627) の「純粋理性の理念の統制的な使用について」(一般には「理念の演繹論」と呼ばれている。) と題する箇所で、霊魂の不死、自由、神などの理性概念である「理念」(Idee) を、経験的に使用する可能性について、「理念」を「虚焦点」(focus imaginarius) と呼んで、それは知性の働きに秩序や統一を与えるもの (統制的なもの) (regulativ) として、目的論的に次のように述べている。

「これについてわたしが主張したいのは、超越論的な理念が〈構成的に〉は使用されることはないということである。もし理念が構成的に使用されるならば、ある対象の概念が作りだされることになるが、そのようにして作りだされた概念は詭弁的 (弁証的な) 概念にすぎない。そうではなく、超越論的な理念は、〈統制的に〉使用されるにすぎない。これは理念の卓越した不可欠的な使用であり、これによって知性は特定の目標に向かうことができるようになる。知性のすべての規則はこの目標に向かった線に沿っているかのように、その一点に集まってくる。この一点がすなわち理念であり、これが虚焦点の役割をはたすのである。この点はすべての可能な経験の境界の外部に存在するものであって、知性の概念はこの点から生れるわけではないが、知性の概念に最大の統一を与え、しかも適応範囲が最大になるようにするのである」(『純粋理性批判6』中山元訳、光文社古典新訳文庫、二〇一〇年)。

カントが「虚焦点」と表現した、超越論的な理念とは、「虚的なもの」というよりは「想像的なもの」

であり、その意味では、これは、想像力が介入する「調整」という宗教的態度をもたらすとされる、デューイの「パースペクティブ」における「理想」や「目的」の考え方と非常によく似ている。デューイは、第二章の「信仰とその対象」で、「理想」は、想像力が現実の経験世界にあるものを「理想化する」(idealize)ことや、「投影する」(project)ことによって可能だとして、次のように説明している。「私が示そうとしたことは、理想的なるものそれ自身が、そのルーツを自然的条件の中にもっており、理想は、想像力が、思考や行動に対して差し出された可能性を掴むことによって、実在物を理想化する場合に、現われてくる、ということである。……この理想化する想像力は、経験のクライマックスな瞬間に見いだされる、最も貴重なものを捉えて、その後でそれらを投影する」(*Ibid*, p.48)。

デューイによると、この「パースペクティブ」は、特定の「宗教」だけに限定されるものではない。「パースペクティブ」をもたらす、どのようなものも「宗教的なるもの」である(*Ibid*, p.24)。「安定したパースペクティブ」をもたらす「依存性の感覚がとる形式」は、人間が「不都合な自然の環境」(an unfavorable natural environment)や「危機」(crisis)に遭遇したときに、物理学的自然や仲間の世界から切り離すような「恐怖」(fear)や、あるいは「努力の全能性」(the omnipotence of endeavors)を主張するような態度からは得られない。これらの態度は、「非宗教的態度」であり、やはり想像力の働きが制限されている。デューイは、こうした態度の依存性の形式を、「エゴイズム」、「分散的で、自分の殻に閉じこもること」(dispersive and withdrawing)と批判している(*Ibid*, pp.24-25)。

「自然への畏敬の念」

これに対して、デューイが、生活、あるいは人生における「適切なパースペクティブ」と呼んでいる、その構成要素には、「我々が部分である全体」(the whole of which we are parts) と感じられる、「人間的本性の尊厳の感覚」(the sense of the dignity of human nature) や「畏敬や尊敬の感覚」(the sense of awe and reverence) があり、それらを通して自然と協同することで、パースペクティブは安定したものになるとして、デューイは、こうした感覚に基づく「情緒」(emotion) を「自然への畏敬の念」(natural piety) と呼んで、それを次のように説明している。

「それ（自然への畏敬の念）は、我々が部分である全体として、十分に根拠のある自然の感覚に基づくことがある一方で、そのほかに、我々が知性と成果によって注目される部分であることも認めている。それは、我々が、それらに助けられて、諸々の条件を、人間的に望ましいものと、よりよく調和させようと努力するような能力をもっているからである」(*Ibid*, pp.25-26)。

「畏敬の念」(piety) という言葉は、デューイの著作では、本書と同じような宗教論や認識論を論じた『確実性の探求』(*The Quest for Certainty*, 1929) の中にも見られる。そこでは、次のように述べられている。

「宗教的信仰、それは、自然の諸々の可能性や関連した生活にくっついているようなもので、それは、理想への忠誠をもちながら、現実的なるものに向かって、畏敬の念を表すものである。それは、後者の現実的なるものの欠陥や苦難に関して不平不満を述べることはないであろう。敬意や尊敬は、諸々の可能性の実現の手段であるものに対して、また理想が、とにかく具現化を見つけるのであれば、具現化されるものに対して与えられるであろう。抱負や努力は、それ自体では目的にはならない。なぜなら、価値は、分離した状態で抱負や努力の内にあるのではなく、承認された意味が達せられる現存するものの、その再構造化の手段として抱負や努力の内にあるからである。自然と社会は、それ自体の内部に諸々の理想的可能性の投影したものを包括していて、それらによって、それらの可能性が現実化される働きを含んでいる。自然は、スピノザの『知性的愛』(正しくは「神に対する知性的愛」(amore Dei intellectus) という意味での神的なものとして崇拝されるものではない。それよりも自然は、それの欠陥と不完全性にもかかわらず、人間性を包括しながら、諸々の理想や可能性や、自然の欠陥と不完全性に代わる抱負の源泉として、またあらゆる達成された善や、卓越性の最後の居場所として、心からの畏敬の念を呼び起こすことがある」(*The Quest for Certainty*, 1929.The Later Works of John Dewey, Volume 4, 1925-1953 : Jo Ann Boydston ed. Carbondale : Southern Illinois University Press, p.244)。

カントの墓碑銘、W・ワーズワースの「虹」

こうした「畏敬の念」は、ドイツ語では"Ehrfurcht"であり、それは、A・シュバイツアー(Albert Schiweitzer, 1875-1965)の「生命への畏敬の念」(Ehrfurcht vom dem Leben)や、カントの墓碑銘にもある、次のような有名な言葉としても知られている。

「わたしたちが頻繁に、そして長く熟考すればするほどに、ますます新たな賛嘆と**畏敬の念**が心を満たすが二つのものがある。それはわが頭上の星辰をちりばめた天空と、わが内なる道徳法則で

ある」（『実践理性批判2』中山元訳、光文社古典新訳文庫、二〇一三年、二四二頁）（"Zwei Dinge erfüllen das Gemüt mit immer neuer und zunehmender Bewunderung und **Ehrfurcht**, je öfter und anhaltender sich das Nachdenken damit beschäftigt: der bestirnte Himmel über mir und das moralische Gesetz in mir.（V, 161）(1)", Kritik der praktischen Vernunft,1788. Beschluß）。

　第二章の「信仰とその対象」（五三頁）では、デューイはこの「自然への畏敬の念」を、詩人たちの言葉としている。それに対して超自然主義で、人間主義的な宗教や無神論の態度を、こうした自然との結びつきを欠くものと批判している。こうしたことから推測すると、S・C・ロックフェラー（1936-）(Steven C.Rockefeller, *John Dewey:Religious Faith and Democratic Humanism*, New York :Columbia University Press,1991) が指摘したように、この言葉は、デューイが、イギリスの詩人であるW・ワーズワース（William Wordsworth, 1770-1850）の、次のような「虹」（"The Rainbow 〈My Heart Leaps Up〉", 1802) というタイトルの短詩から借りてきたものと考えられる。

　The Rainbow 〈My Heart Leaps Up〉

My heart leaps up when I behold A rainbow in the sky
So was it when my life began, So is it now I am a man.
So be it when I shall grow old.
　Or let me die!

The Child is father of the Man
And I could wish my days to be. Bound each to each by **natural piety**.
（「虹」〈私の心は躍る〉／私の心は躍る、大空に／虹のかかるのを見たときに。／幼い頃もそうだった。／大人になった今もそうなのだ、／年老いたときでもそうありたい／でなければ、生きてる意味はない！／子供は大人の父親なのだ。／願わくば、私のこれからの一日一日が、／**自然への畏敬の念**によって貫かれんことを！〈平井正穂編『イギリス名詩選』岩波文庫、一九九〇年〉）

デューイが「自然への畏敬の念」という言葉で呼ぶ、このような情緒は、単にロマンティックに自然を美化するようなものではない。それは、人間の「パースペクティブ」を構成する重要な要素である。「パースペクティブ」は、こうした自然への「畏れ」や「敬い」のような気持ちや情緒が伴うことで、自然災害などの危機的な状況に際しても、人間自身の知性を刺激して、自然を相手に「安全」や「厚生」などを理想目的にして、自分自身の生命を守るための「探究」(inquiry)を可能にする。また、こうした人間と環境との間の「自然の相互性」(natural interactions)は、「科学的方法」(the scientific methods)の促進や改良を前提条件とすることで、さらに知性を育て、より多くの知識をもたらすようになる(*Ibid*, pp.25-26)。

第二章　信仰とその対象

教義やドグマ

第一章の「宗教対宗教的なるもの」で、デューイは、「宗教」と「宗教的なるもの」とを区別した。この第二章の「信仰とその対象」では、それぞれの信仰対象もこの区別に対応している。「宗教」は、思弁的で、知性的な信念を内容とする「教義」(doctrine)や「ドグマ」(dogma)を信仰対象としているのに対して、「宗教的なるもの」は、「理想目的」(ideal ends)や「理想価値」(ideal value)を信仰対象としている。こうした誰にでもあるような人間の「理想目的」や「理想価値」を信仰の対象にしたことが、この著作のタイトルが〝A Common Faith〟となった理由であると考えられる。

「宗教」の信仰対象である教義やドグマには、歴史的な資料を含む文献や、歴史的な「偉人」(personage)についての知性的内容が多く含まれている。信者は、それを受け入れることが義務となっているとして、デューイは、そのことを「教義上の装置」(a doctrinal apparatus)、あるいは「知性的な装置」(a intellectual apparatus)と呼んでいる。また。こうした「宗教」では、自身が持っている、真理にアクセスするために、ある特別で、例外的な通路があるとされている。デューイは、このことが現在の「宗教」に危機をもたらすことにもなっているとも述べている(*Ibid*, p.29)。

「宗教」の危機

その危機とは、「懐疑主義」(skepticism) や「不可知論」(agnosticism) のことである。これらは、「宗教」の信仰対象である教義やドグマにおける歴史的で、宇宙論的で、しかも倫理的で、神学的でもある知性的内容について、それらを「避けられないもの」(indispensable) としながらも、判断を保留したままで、それを知識の対象とはしない態度である。

デューイは、次の第三章の「宗教的効用の人間的居場所」で、一九二五年にアメリカのテネシー州デイトンで起こった、「スコープス裁判」に言及している (訳註の52参照)。この裁判は、通称「モンキー裁判」と呼ばれる進化論創造説論争で、一九二〇年代のアメリカの「モダニスト・ファンダメンタリスト論争」(modernists-fundamentalists controversy) の一つである。デューイの脳裏には、この裁判で、その当時「反進化論法」を廃止しようとしていた、リベラル派の団体である、「アメリカ市民自由連合」(ACLU=American Civil Liberties Union) や、この裁判の弁護士で、「不可知論者」(agnostic) としても知られた、クラレンス・ダロウ (Clarence Darrow, 1857-1938) のことがあったのではと推測される。

第二章から第三章にかけては、進化論や近代科学の進歩に対して、プロテスタントの教派での、モダニストやリベラル派とファンダメンタリストとのそれぞれの態度のちがいが述べられている。デューイによると、リベラルな派は、第一章でも問題とされた、個人の心の冷酷さや堕落が、キリスト教の教義やドグマにある「知性的な装置」を知性的に拒絶することの原因であるとする信念(道徳的信仰の欠如) を緩和させてはきたが、これらの教派も特異な宗教的力を、ある文献的文書や、ある歴史的な「偉人」がもたらしたものとしていて、知性的内容の大部分を寛大に減らしてはいるが、それでも最低限「有神論」(theism) と「個人の霊魂の不滅」(immortality of the individual) については主張してきたとされる。

デューイ自身の考え方は、印象としてはモダニストやリベラル派のプロテスタントに近いようにも思われるが、リベラル派に対しても多くの批判が見られる。第三章の後半の結論部分では、不可知論について、ある程度の評価をしながらも、その不十分さを次のように指摘している。

「『不可知論』というのは、超自然的なるものを覆い隠すことによって投げかけられた、いわば影のようなものである。もちろん、我々が知らないことを知らないと認めることは、すべての知性的な真摯さに必要なことである。しかし一般化された不可知論は、単に超自然的なるものを中途半端に削除しただけで、その意味することは、その知性的な見通しが、自然界に向けられた場合に、例外なく外れてくる。それが、そのように自然界に向けられたとき、我々が、それに関しては知らないと言わなければならない、多くの特定の事柄がある。つまり我々は、ただ探究するだけで、将来的に探究が確認するか、あるいは拒否するか、諸々の仮説をつくるだけである」(*Ibid*, p.86)。

いずれにしても、デューイのプラグマティズムの自然主義の立場からすると、こうしたリベラル派のプロテスタントに影響を与えている、懐疑主義や不可知論がもたらすような「宗教」の危機は、「教義上の装置」において、信仰対象とされている教義やドグマの知性的内容が、「超自然的なるもの」に結びついていて、それを中途半端にしか削除していないことにある。

新しい探究と反省の方法

デューイは、「宗教」を疑わしいものにしているのは進化論や近代科学の進歩で、こうした科学的な知識と「宗教」の教義やドグマとが対立する問題を、「科学と宗教の対立」と呼び、この対立は、天文学、地質学、生物学、人間学、歴史学、文献批評、心理学など様々な分野で未だに続いているとしている。

デューイによれば、この問題が重要な意味をもつのは、「新しい探究と反省の方法」(new methods of inquiry and reflection)が、今日の教育された人にとって、この問題の最終的な調停者となったことで、そのことは「知性の権威の座」(the "seat of intellectual authority")における、一つの革命であり、それは次のように称賛されるとしている。

「この革命は、それが、あれこれの宗教的信念に与えた衝撃の、どんな特定の局面よりも、むしろ中心となる事柄である。この革命においては、どの敗北も、すべて更新される探究への刺激となり、勝ちとられてきた、どの勝利も、すべてさらなる発見への開かれた扉であり、そのためにどの発見も、すべて知性の土壌に蒔かれた新しい種子で、そこから生き生きとした植物が、新しい果実を伴って生長する。人の心は、新しい方法と理想に慣らされている。真理にアクセスする確かな道は一つしかない。――それは、観察や実験や記録や、さらにコントロールされた反省によって働く、辛抱強い、協同的な探究の道である」(*Ibid*, pp.31-32)。

ここでも、デューイは一種の革命のようなものとして、「探究」(inquiry)という言葉を多く使用している。この言葉は、デューイの専門用語で「反省的思考」(reflective thinking)や、単に「思考」

(thought)、「疑問」(questioning)と同じような意味を持っている。デューイの他の著作では「反省的思考」(reflective thought)、「反省的経験」(reflective experience)と表現されたり、また教育学では「問題解決学習」(Problem-solving-method)とも呼ばれている。これは、「道具主義」(instrumentalism)と呼ばれる、デューイのプラグマティズムを象徴する概念でもある。「探究」は、一九三八年に出版された『論理学―探究の理論―』(*Logic: The Theory of Inquiry*, 1938)では、次のように定義されている。

「探究とは、不確定な状況が、もとの状況の諸要素が、一つの統一された全体というものに転換されるほど、状況を構成している区別や関係が確定した状況に、コントロールされ、あるいは方向づけられて変質することである」(*Logic: The Theory of Inquiry*,1938.The Later Works,1925-1953 of John Dewey, Volume 12:1938 Jo Ann Boydston ed. Carbondale: Southern Illinois University Press, p.108)。

そこでは、「探究」は(1)「不確定な状況」(indeterminate situation)、(2)「問題の設定」(institution of a problem)、(3)「問題解決の決定」(the determination of a problem-solution)、(4)「推論」(reasoning)、(5)「事実と意味の作業的性格」(the operational character of facts-meanings)の五つの手順で説明されている。

科学と宗教の対立

デューイは、こうした科学的な「探究」を、リベラル派の神学者たちや現代の宗教的リベラリズムから擁護するために、彼らの「科学と宗教の対立」という二元論的な立場からの批判に反論している。

例えば、リベラル派の「科学によって降伏させられた、特定の教義か、または想像上の歴史的、あるいは文学的な信条は、やっぱり宗教的信念の本質的な部分ではなく、かえってこれがない方が、宗教のありのままの姿は、以前よりもっと明らかに見えるようになる」(*Ibid*, p.32) という主張に対して、デューイは、こうした発言で教義を防衛するために、科学的「探究」の限界が示されることを、「教義の合理化」(rationalization of the doctrines)、または「教義の知性的な定式化、正当化」(formulating and justifying intellectually the doctrines) と呼んで、それは、具体的には、三位一体、受肉、贖罪、秘蹟の教義や、奇蹟、懺悔、免罪、聖人、天使など様々な教義においてもなされてきたことだとしている。

また、科学と宗教の知性的な内容との衝突を回避する方法として、二元論的に科学と宗教のそれぞれの領域と管轄権を分け、これまで「自然の領域と恩寵の領域」(the realm of nature and the realm of grace) と呼ばれていた分割の方法を、現代の宗教的リベラリズムが、「啓示と自然的知識」(revelation and natural knowledge) と同じように、「科学的経験と宗教的経験の間の分割」(the division between scientific and religious experience) と表現して、一方では科学的知識の支配権が認められ、他方では、別の方法や基準が支配する、「親密で個人的な経験」(intimate personal experience) の領域があるとすることに対して、デューイは、こうした議論の危険性を、次のように指摘している。

「これまでにもあるような無知か、あるいは進歩の遅いということが、論じられる主題の性質を分けるというようなことの実在性を主張するために利用されているのである。しかしそれでも、このギャップは、せいぜいのところいまは現存しているが、将来的には除かれるべき限界を反映しているだけかもしれないのである。経験の一部の領域か、あるいは局面が、いままでまだ科学的方法によって『侵略される』ことがなかったからといって、それらが科学的方法に従属しないという議論は、人に危険を与えるくらい古いものである」(*Ibid*, pp.34-35)。

「神秘的経験」の「解釈」の問題、「論点先取」、「循環論法」

ここからデューイは、科学的方法によって「侵略される」(invaded) ことがないからとして、宗教家が「特別な指定保護区」(a special reserve) と主張する、「神秘的経験」(mystical experience) の領域についても言及している。ここでの議論は、第一章の「宗教的経験」と「経験の質としての宗教的」とを区別したのと同じような内容である。デューイは、神秘的経験の「事実」(fact) と、それについての「解釈」(interpretation) としての「理論」(theory) とを区別して、「経験は、探究されるべきひとつの事実である。理論は、どんな理論も同じで、一つの事実の解釈である。」(*Ibid*, p.35) としている。

デューイはこうした「神秘的経験」の「解釈」の問題を、「その本質によって、この経験が、神の直接の顕在を本物として理解することである、という考え方は、諸々の事実を吟味することによるものではない。むしろそれは、事実の外で形成された概念のようなものを、事実の解釈のなかに持ち込むことによって起こっている」(*Ibid*, p.35) と指摘している。

また第二章では、こうした「解釈」は、問題点を真実と仮定して話を進め、巧みに論点を回避する「論点先取」(begs the question)という詭弁であるとも述べている。「論点先取」とは、虚偽の論法の一つで、結論が前提に含まれてしまっているために、論証のようでいて論証になっていない議論である。

デューイは、「神秘的経験」という「事実」を解釈をする際に、「超自然的なるもの」を論証しなければならないが、この「解釈」には、外で形成された「超自然的なるもの」の概念（ア・プリオリな概念）が持ち込まれていて、問題点である「超自然的なるもの」を真実と仮定して論じられていることを、「論点先取」であるとしている。これは具体的には、例えば「私たちは、創造主の超自然的知性が関与した完全なる秩序を見ることができるので、神は存在する」など、「神秘的経験」の「解釈」において、この議論の結論の「神が存在する」を論証するために、その前提の「私たちは、創造主の超自然的知性が関与した完全なる秩序を見ることができる」の中で、論点である「神」を「創造主」という概念に言い換えて論証していることである。

この「論点先取」は、デューイが第一章の一〇頁で言及している、カントの神の在性の証明と同じことである。それは、カントが「存在論的証明」（本体論的証明）の不可能性を主張するのに、有名な一〇〇ターレルの比喩によって述べたように、概念や思惟状態の場合では、「現実の一〇〇ターレルは、可能な一〇〇ターレルより多くを含まない」が、財産状態では「現実の一〇〇ターレルは、可能な一〇〇ターレルより多くを含む」ので、「理想」(Ideal)として神の概念から、「現存在」(Dasein)としての神の存在を証明することはできないとしたことと、内容的には同じことである。

以上のように、デューイは「神秘的経験」の「解釈」については批判してはいるが、この経験の

「事実」について否定してはいない。それは、北アメリカの先住民の間での断食、ヒンズー教の習慣の神秘主義、新プラトン主義の神秘的な恍惚状態、ウィリアム・ブレイクの神秘主義など、様々なタイプ神秘的経験を「現象」(phenomena) の事例として挙げていることからもわかる。

デューイは、「神秘的経験」の「事実」を否定してはいないが、その「解釈」を否定する理由を、次のように述べている。

「諸々の経験の解釈は、そうした利用できそうな、科学的な工夫の助けになるものを身につけた経験そのものから生じてきたわけではない。経験の解釈は、周囲の文化で現在通用している、観念を批判せずに借りてくることで、それまで導入されてきたのである」(*Ibid*, p.36)。

したがって、シャーマンや一部の北アメリカの先住民の神秘的状態は、一九世紀の「信仰復興運動家の一部のセクト」によって考えられた、「一種の特別なパワーを得るためのテクニック」であり、その知識は「存在者」(Being) についてのものではなく、「特定の秘密や操作のオカルト・モード」(particular secrets and occult modes of operation) のもので、その狙いとするところは、「アドバイス」や「病人の治癒法」や「名声」などであり、「神秘的経験」によって神や神的なものを知るという概念性は、「事実」についてのものではなく、その「解釈」である、としている。

デューイは、「神秘的経験」の「事実」としての「実在性」(existence) を否定してはいないが、その特定の「解釈」を否定した場合に、よく言われることについても、次のように反論している。

「でもこうした顕現の客観的内容について、特定の解釈のようなものを否定するのは、この否定をする人たちがこれまで問題の経験をしなかっただけであり、もし彼らがその経験をしたならば、同じように神の面前で経験の客観的資源を確信するだろうことを証明していると、頭から決めてかかるのは、それは、少しも事実に基づくものではない」(*Ibid*, p.37)。

このことは、前にも述べたように「あなたは、ゴルフをしたことがないので、その面白さがわからない。ゴルフをすれば、面白さがわかる」と言うのと同じことであり、そこには「ゴルフをした人は、その面白さがわかる」という命題が暗黙の内に前提されている。

こうした「神秘的経験」は、デューイにとっては「経験的現象」(empirical phenomenon)であり、それは、「それの因果関係のモードに向けての探究の一つの機会」(an occasion for inquiry into its mode of causation)でしかない。それは、その経験そのものを、それの原因の直接的な知識、超越的な神のパワーの知識へ転換するのに理由がないのと同じことである。

デューイは、そのことを「その経験そのものを、その原因についての直接的な知識のようなものに転換するのに理由がないのは、稲妻の経験でも、または他のどのような自然の出来事の場合でも同様である」(*Ibid*, pp.37-38)と述べている。それは、具体的には「稲妻の原因は、稲妻である」という「循環論法」(circular reasoning)の命題と同じである。

デューイが、この第二章でこうした神秘主義に言及しているのは、「神秘的経験」を否定したり、その新たな理論を提起するためでもない。それは、リベラル派の「科学」(science)と「特別な、宗教的対象の直接的な知識の諸々のモード」(special modes of immediate knowledge of religious objects)の二つ異なった「領域」を設定している二元論が、「自然的なものと超自然的なものとの古い二元論」(the old dualism between the natural and the supernatural)を復活したもの過ぎないことを示し、それに反論するためである。

こうした二元論の問題点は、「神秘的経験」を事実として解釈する場合に、「超自然的なるもの」の概念を論証しないで、「自然的なるもの」と「超自然的なるもの」と分けて、前提としていた「超自然的なるもの」の概念を使って、「神」への信念を妥当なものであるとしている点である。デューイは、そのことを「このタイプの推論の循環的な性質」(the circular nature of this type of reasoning. *Ibid*, p.38) と呼んでいる。これも「循環論法」で、内容的には前述の「論点先取」と同じことである。

また、リベラル派の宗教の護教者が、科学的な観念や題材で続いている変遷(shift)を、「知識の一つのモードとしての科学の信頼できないことの証拠」(evidence of the unreliability of science as a mode of knowledge) であると批判している点についても、デューイは「科学は、何か特定の主題群によって構成されているのではない。科学は、いわば一種の方法で、それは、信念に到達することはもちろんのこと、テストされた探究を用いて信念を変える方法というものによっても構成されている」(Ibid, pp.38-39) として、科学の主題が、方法の改良によって発展することは、科学を非難する理由にならないし、科学には、「特別で、神聖にして侵すことのできないような信念の主題」(special subject-matter of belief that is sacrosanct) というものはなく、科学を、信念や観念の、特定のセットのようなものと同一視するのは、「思考の現代のドグマ的習慣」(current dogmatic habits of thought) であり、それは科学に反すると反論している。

「教義上の方法」の問題点

以上のように、科学の「方法」と「主題」を区別して、デューイは、「科学と宗教の対立」を、「方法への忠実さ」(allegiance to this method)と「あらかじめ固定されているので、それは、決して変更できず、減らすことさえできない最小限の信念への忠実さ」(allegiance to even an irreducible minimum of belief so fixed in advance that it can never be modified)との対立と言い換えて、前者の科学の方法を開かれた、公的な「知性の方法」(the method of intelligence)と呼び、後者の宗教の方法を限界づけられた、私的な「教義上の方法」(the doctrinal method)とも呼んでいる。

その上で、デューイは、後者の「教義上の方法」の問題点を、次のように指摘している。

「問題の経験が、真偽のほどはわからないが、それが実在すると言われるような意味で、神の顕在の意識をもたらさない場合に、いつも言い返すことは、手元にあって、それは、その経験は、純粋な宗教的経験ではない、というものである。その理由は、それは当然のことであるが、あくまでもこの特定の結果に到達する経験だけが宗教的であるからである。この議論は、循環である。伝統的な立場は、一部の心の冷酷さか、さもなければ堕落が、その人がこの経験をできないようにしている、というものである。リベラル派の宗教者たちは、いまはもっと人情味があるが、それでも、彼らの論理は異なるものではない」(*Ibid.*, p.40)。

デューイは、こうした「教義上の方法」の「神の顕在の意識をもたらさない場合に、……その経験は、純粋に宗教的経験ではない」についても、それを「循環」(circular)であるとしている。この「神の顕在の意識をもたらさない経験は、宗教的経験ではない」という命題は、「神の顕在の意識をもたらす経験だけが、宗教的経験である」と同じであり、内容的には「宗教的経験は、神の顕在の意識をもたらす経験である」となり、この「循環」は、「非Aは非Aである」、「AはAである」という「同語反復」(tautology)に当てはまる。

また、デューイは、この「教義上の方法」に伝統的にあるもうひとつ問題点として、「一部の心の冷酷さか、さもなければ堕落が、その人がこの経験をできないようにしている」というような命題もあげている。これは、第一章の二〇頁での「『正当化する』」信仰と呼ばれる行為」と「思弁的、あるいは知的な信念との区別でも指摘されていたことと同じような内容である。デューイは前者を「何らかの目的が行為に対して最高であるべきであるとする、一つの確信である信念」、後者を「何らかの対象、あるいは存在が、知性のための真理として実在するとする信念」とも表現しているが、前者は「道徳的信仰」とも呼ばれ、デューイが、第一章の五頁で、オックスフォードの辞典の定義から抽出した、「三つ事実」の中の「道徳的なモチベーション」という宗教的要素である。ここではデューイは、宗教的経験ができないことの根拠として、「心の冷酷さ、あるいは堕落」という「道徳的信仰の欠如」(道徳的理由)をあげている。

このように前者の「道徳的信仰」を後者の「知性的信念」に転換し、物理的実在物を形而上学的なもの、超自然的なものに置き換えるような誤謬は、前にも述べたように、哲学では、一般的に「自然主義的誤謬」と呼ばれているものである。

先験的なリアリティ象徴する意味でのシンボル、目的のリアリティのシンボル

第二章の前半部分では、デューイは「宗教」の信仰対象であるドグマや教義について、信者がそれを受け入れることを「教義上の装置」や「教義上の方法」と呼んで、「論点先取」、「循環論法」、「自然主義的誤謬」など、リベラル派の二元論にある論理的な問題点について論じているが、後半では「宗教」の信仰対象には、儀式やセレモニーのように「象徴的な」(symbolic)ところもあるとして、「シンボル」(symbols)について述べている。そして、このシンボルと「宗教的なるもの」の信仰対象である「理想価値」との関係、さらには、「神」という言葉を信仰対象にした場合の問題点についても言及している。

デューイによると、この見方は、信念の「客観的妥当性」(objective validity)に固執するような神秘主義よりも進歩しているかもしれないが、それは「これらの信念が、何のシンボルなのか」という点では、常になんらかの「曖昧さ」(ambiguity)に悩まされているとされる。デューイは、その曖昧さについて、次の二つの問いに分けて整理している。

(1)「それらは、宗教的であると、はっきり区別されたもの以外のモードで経験されたもののシンボルなのか」、それとも(2)「それらの信念は、ある**先験的な**リアリティを象徴する意味でのシンボルなのか」(*Ibid*, p.40)

(1)の意味は、宗教とは別のモードでの経験が、シンボル化されたものであるために、容易に他の影響を受けない、ひとつの「地位」(standing)があるというものである。(2)の意味は、ファンダメンタリストも、一定の質や段階を認めているもので、そこには、信念の諸対象が有限な人間の能力を

超えているため、我々の信念は多かれ少なかれ比喩的な言葉づかいで言い表わされるしかないという事情があるとしている。

これら二つのシンボルの意味のうち、デューイ自身は、(2)の先験的なリアリティを象徴する意味でのシンボルが、「宗教」だけでなく、「宗教的なるもの」の信仰対象にもなると考えている。

但し、デューイは、そのことに「そう言えるのは、シンボル的な性質のようなものを信仰の素材によって生じたものとみなすことによって、我々が、これらの素材は、一般に公開される経験で証明可能な何かを象徴している、と本気で言わなければのことである」という条件をつけている(*Ibid*, pp.40-41)。

デューイが、信仰にシンボル的なものを認めるのは、このようにあくまでも先験的なリアリティを象徴する、比喩的な意味であって、それは、実証可能な独自の経験としてではない。経験としてでなければ、信仰の「信条の知的な条項」(the intellectual articles of a creed)は、「道徳やその他の理想的価値のシンボル」(symbolic of normal and other ideal values)と理解されて、それによって「歴史的な事実」や「歴史上の偉人」もシンボルになり、それは、「献身」や「努力」という「目的」を具体化することにもなる。デューイは、そのことを「目的のリアリティのシンボル」(symbolic of the reality of ends)と呼んでいる。

以上のように、デューイは、「歴史的な事実」や「歴史上の偉人」を「理想価値」としてシンボル化することを認めている。しかし、それは「これらの宗教の諸対象が、存在者の、ある領域に前々から実在する」(these objects of religion exist already in some realm of Being.)というような経験的な意味ではない。理想や目的としてシンボル化されるのは、信仰対象が単に「純粋に理想的」(genuinely ideal) にだけでなく、信仰対象は、我々が置かれている、「現在の状態」(present estate) と対照的に理想化されている場合であり、それはあくまでも先験的な意味である。

「神」という言葉、「非 - 理想的な実在物」

デューイは、ここからさらに「神」という言葉の問題を取り上げることで、「理想価値」のシンボル化について、この言葉を使用した場合の理想化の意味についても検討している。この言葉は、「特定の存在者」(a particular Being) と同時に、「我々を刺激して欲望や行動を駆りたてる、すべての理想目的の統一」(the unity of all ideal ends arousing us to desire and actions.) も意味している。

デューイは、こうした「理想目的」の統一が、我々の態度や行為に対して有効とされる理由を、(1)の「我々から離れて、すでに実現された実在物にあることを理由」(because it is already, apart from us, in realized existence) にしてなのか、それとも(2)の「それ自身の本来の意味や価値を理由」(because of its own inherent meaning and value) にしてなのか、二つの場合が考えられるとする (*Ibid*, pp.42)。

「神」という言葉が、(2)の理由で「宗教なるもの」の信仰対象の「理想目的」を意味し、想像力を通じての統一を意味する、と仮定した場合、デューイは、(1)の理由とは対照的なものとなり、この言葉の問題の核心がもっとはっきりするとする。

それは、これまでの「宗教」での信仰対象の「教義」では、そのほとんどが(1)の理由で、「神」は前もって存在しているような、謂わば、何かの存在者で、「神」は「非 - 理想的な実在物」(non-ideal existence) を示すとされているからである。この宗教論の第二章の「信仰とその対象」でのこの部分の論議は、「宗教」と「宗教的なるもの」とのそれぞれの信仰対象を区別する上で最も重要な箇所でもある。

デューイは、この「非 - 理想的」(理想ではない) という言葉は、「至高の存在者が、道徳的でスピリチュアルな属性をもっている」とされている、ユダヤ教とキリスト教も含めて、すべての歴史的な宗教に関してあてはまると考えている。それは、これらの宗教の道徳的で、スピリチュアルな性格が、「特定の実在物」(a particular existence) の特性として考えられ、そのような実在物に具現化されているために、我々にとって宗教的価値があると考えられているからである (*Ibid*, pp.42-43)。

デューイは、まさにここに「**ひとつ**宗教と、経験の効用のようなものとしての宗教的なるものとの相異に関しての、究極的な問題点」(the ultimate issue as to the difference between a religion and the religious as a function of experience. *Ibid*, p.43) があるとする。

デューイにとっては、これまでの「宗教」は、「神」という言葉で、信仰対象としての「特定の存在者」や「特定の実在物」を前提にすることによって、それらの道徳やスピリチュアルな性格を宗教的価値としているために、「非 - 理想的」(理想ではない) である。それに対して「宗教的なるもの」は、同じように「神」という言葉を使用していても、それは「人が、自らの意志作用や情緒に対して権威があると認めるような理想目的を意味している」ので、「理想的」ということになる。

その場合に、デューイが信仰対象として「神」が、「宗教的なるもの」となる条件としているのが、想像力の働きである。デューイは「想像力は、理想がそれによって把握される器官である」として、想像力を「実践的で、情緒的な態度」(practical and emotional attitude)、「忠誠や努力」(loyalty and effort)を統合する働きとして重視している。

デューイは、「神」という言葉が「宗教的なるもの」を可能にするとしているが、但し、その場合の想像力の働きは「付随して起こる」だけであり、それは、第一章で説明したような「パースペクティブ」を通じて「調整」という宗教的態度を可能にする「介入する」よりも低いものと考えている。

理想的な質を、現存している存在への実体化すること

再びここで、デューイは、伝統的な「神」の概念が人生においてもっているパワーや意義は、理想的な質によるものではなく、「理想的な質を、現存している存在に実体化すること」(the hypostatization of the ideal qualities into an existence being)によるのではないかとして、それを、次のような問いにまとめている

「それらの理想的な質を、ある種の現存している存在に実体化することとは、これまでに過去の文化で普及してきた信念を使って、願望の対象を、先行のリアリティ(前章の二〇~二二頁で言及したような)へと転換する、人間的本性の傾向が合流することによるものなのかどうか」(*Ibid*, p.44)。

デューイの立場では、こうした「実体化」は、第一章でも言及された道徳的信仰を知性的信念へと転換することと同じであり、それは、やはり「自然主義的誤謬」である。しかし、デューイはここでは、この「実体化」を、想像力の働きが「介入する」ことによる「理想化」とは区別して

考えている。人間性心理学が言うように、「理想的なるもの」(the ideal)と「物理的なるもの」(the physical)との結合は慣らされ、情緒では緊密に結びつけられるようになり、それらを分離することが難しいが、デューイは「理想的なるもの」は「物理的なるもの」から分離することによって、その「経験の宗教的価値」(the religious values of experience) は解放されると考えている。

以上のように、デューイは「理想的なるもの」を「物理的なるもの」から分離することに拘っている。その理由は、多くの人の宗教的態度が、ドグマや教義の「知性的な装置」に煩わされたり、「物理的なるもの」に拘ることになるのは、理想価値というよりはむしろ「影響力」(force)を気にかけることになるからである。デューイは、そのことを「実在者」(an Existence)が付け加えることができるものは、その一つ残らずが何かを確立したり、罰したり、また報いたりする「力」(force)になるからである、と説明している(Ibid, p.44)。そして理想価値は、従わなかった人々に正義を執行できる、「制裁」(sanction)としてのパワーがなければ、彼らの行いに影響を与えない、と考えるからだともしている(*Ibid*, p.44)。

こうした理想が最優先されなければならないとする論議について、デューイは、さらに「なぜ、この場所で止まるのか。なぜ、最大限の熱意と活力をもって、我々が見つけられる、あらゆる証拠を、探求しようとしないのか。それらの証拠とは、例えば歴史によって、また自然におけるデザインの顕在によって、与えられているようなもので、それらは、客観的実在性をもつ、ある一つのパーソナリティに、その理想がすでに現存している、という信念をもたらすかもしれないものである」(*Ibid*, p.45)と、理想が「客観的実在性をもつ、ある一つのパーソナリティ」(a Personality having objective existence) の中にすでに現存しているという信念をもたらすかもしれない、「証拠」(evidence) を探求しないことに疑問を投げかけることにもなるとしている。

「悪の実際性」や「悪の発生」の問題

デューイは、こうした疑問が、必然的に「悪の実際性」(the existence of evil) や「悪の発生」(the occurrence of evil) の問題を引き起こすとことにもなるとしている。これは、「神は善であるのに、なぜ現実に人間が生きている世界には、悪や苦しみが存在するのか」や「神が創った世界に、なぜ悪があるのか」という、誰も抱くような素朴な疑問であり、一般的には「弁神論」や「神義論」(theodicy) と呼ばれているものである。それは、理想的善さの実在性を、それらを引き起こし、サポートすると推測される、ある一つの人格、全能のパワーが付与されている、ある一つの存在者と同一視した場合に、現実に「悪」が存在する事実を説明できないことである

デューイによると、こうした悪の問題が生じる原因は、この探求が「厳密に経験的なものを基礎」(a strictly empirical basis) において行われないで、いつも「超自然的なるもの」のために引き受けられるからであって、我々は、このことによって「現実的な条件の探究」(the exploration of actual condition) から、注意やエネルギーをそらしてきたからであるとされている。

こうした超自然主義の態度を、デューイは「外部のパワーに依存することは、人間的な努力を放棄することのカウンターパートである」(Dependence upon an external power is the counterpart of surrender of human endeavor. *Ibid*, p.46) と戒めている。

善さと悪の混合物

デューイは、プラグマティズムの自然主義の立場から、あくまでも善さのために我々自身のパワーを働かすことを強調する。この自然主義の態度は、エゴイズムでもなければ、センチメンタルに、楽天的に頼ることでもない。反対に外部のパワーに依存しようとする、超自然主義は、キリスト教の終末論のひとつである「善さの至福千年」(訳註の37参照)への期待と同じことであり、デューイは、こうした宗教的態度には批判的である。

こうした超自然主義の態度には、この他にも同じような「カウンターパート」として、自然的手段の崩壊や無力感となった、「悲観的な信念」(a pessimistic belief)のようなものがある。それは、例えばキリスト教のドグマでは公理のようなものとなっているもので、それは、見せかけの悲観主義から楽天主義へ変わるやり方である。

デューイは、伝統的なキリスト教の教義では、このロマンティックな楽天主義が、「再生」(regeneration)や個人の「救済」(salvation)に過度に注意を向ける理由であるとし、このやり方は、「改宗」(conversion)によって突然に起こるこの上もない「変質」(transmutation)や「祈り」(prayer)の客観的効力を用いる信念が、困難な状態から脱出する「解決法」(a way out)となっていて、それは、大部分の問題を以前あったようにそのままにしておいて、結果的に「超自然的な援助」(supernatural aid)だけが、それらをよくできると、単に期待させているだけであると、その問題点を指摘している。

こうしたキリスト教の悲観主義から楽天主義へ向かう超自然主義的な傾向に対して、デューイの自然主義における自然的知性の立場は、次のようなものである

「それは、実際にあるのは善さと悪の混合物のようなもので、理想目的によって指示された、善さの方向への再構造化は、起こるにしても、それは、絶えざる協同の努力によって起こらなければならない、というものである。とにかく、正義や親切や秩序へ向かうのに十分な衝動があるので、その結果、もしその衝動が、急で、この上もない変貌が起こることを期待することなく、活動のために動員されるのであれば、実際にある無秩序や残酷さや圧迫は、減らされるであろうというものである」(*Ibid*, p.47)。

反論の中にある「誤解」の解消

デューイは、以上のように伝統的なキリスト教にある、超自然主義の態度を批判した上で、最後に、自分自身の自然主義の自然的知性の立場に対して根本的な反論があるので、この反論の中にある「誤解」(misunderstanding) を解消する必要があるとしている。

その「誤解」とは、デューイ自身の「神的なるものと理想目的とを同一視すること」(the identification of the divine with ideal ends) という見解が、まるで「実在物」(existence) を無視しているように取り扱われていることである。それは、人をこのような理想的なるものと「存在物」(the existent) との分離の状態に縛りつけているので、理想には、もしかすると生長して果実を結ぶことができるかもしれないような種子のようなものとしての、足がかりでさえ見つけるチャンスがない、と理解していることである。

しかし、デューイの側からすれば、このことは、デューイ自身がこれまでに批判してきたことではなく、自分が批判してきたことは「理想をある特定の存在者と**同一視**すること」(the *identification* of the ideal with a particular Being) であり、それによってこの存在者が自然の外にあるという結論を、必然的に生じさせる場合のことである。

「理想目的」

以上のように、デューイは、自分への反論者の「誤解」を明確にすることで、自身の自然主義の考え方を「理想的なるものそれ自身が、そのルーツを自然的条件の中にもっており、理想は、想像力が、思考や活動に対して差し出された可能性を掴むことによって、実在物を理想化する場合に、現われてくる、ということである」(*Ibid*, p.48) と説明している。そしてこの理想化する想像力は、経験のクライマックスな瞬間に (in the climacteric moments of experience) 見いだされる、最も貴重なものを捉えて、その後でそれらを投影する。我々は、それらの「善性」(goodness) のために、「外的な規準や保証となるもの」(external criterion and guarantee) は必要とせず、それらは、善さとして実在し、そこから自身の「理想目的」を組み立てているとしている。

この「善性」は、超越的なるものでも、超自然的なるものでもなく、それは「経験された善さ」(experienced goods) であり、それらを、思考、願望、努力の対象へと、我々が投影することによって、結果として「目的」が、実在するだけである。

これらの目的は、具体的には目標となって、人間が志しをもって行為するときに、決心するパワーを働かせる。その場合にこれらの目的や理想は、単に「心」の中に実在するのではなく、それらは、性格となって、パーソナリティや活動となって、「**効力のある**やり方で」(in an *operative* way) 存在することになる。

このように、デューイの自然主義の立場は、「理想的なるもの」と「存在物」(the existent) を分離するのではなく、想像力の働きが、経験の「実在物」(existence) を理想化することで「理想」が現れ、我々はそこから「理想目的」を組み立てることである。それは、経験の「存在物」から、即ち「実在物」から「理想的なるもの」を導出することである。このようにデューイの場合には、「理想的なるもの」が「存在物」や「実在物」と繋がれているので、結果的に、「理想的なるもの」は目的となり、目標や志しとして「人間によって具現化されたもの」(human embodiment) を介して、実際にあるようになる。

これに対して、デューイが批判しているのは、理想的な質を、「現存している存在に実体化すること」であり、理想の権威や価値が「ある先行する完全な具現化されたもの」(some prior complete embodiment) に依存していて、超自然主義の立場は、正義、知識、美、あるいはあらゆる事実や真理が、すでに発見され、所有されていて、あらゆる美が永遠に実現化されている形式で表示されている、そのような「ある至上の領域」(some supernal region) に、前々から実在していたという確信に依存している (*Ibid*, p.49)。

デューイは、具体的に目標や志しとなって、我々を動かすような理想は、想像力を通して生み出されるとしているが、それらは、想像上の素材からは形成されるものではなく、堅い、物理的で社会的な経験の世界の素材から形成される、としている。

例えば、蒸気機関車は、スティーブンソンの以前には存在しなかった。電信機もモールスの時代の前にはなかったが、それらを「実在物」(exisitence)にするための条件は、物理的な原料とエネルギーや人間の潜在能力となって、そこにあったからで、想像力が、「現存している諸事物の再配置の観念」(the idea of rearrangement of existing things)を掴んだのであって、それは、新しい対象を発展させようするものである。こうした新しいヴィジョンは、何もないところから生まれるのではなく、可能性、即ち想像力という見地から、古い諸事物を新しい諸関係で見ることを通して現れ出るとする。それは、それらの新しい関係は、新しい目的がそれを創造するのを手伝うようなある新しい目的に対応しているからである。

デューイは、このような試みと同じことは、画家、ミュジシャン、詩人などのアーチストや慈善家などにも当てはまり、「この創造のプロセスは、実験的であり、途切れることはない」(the process of creation is experimental and continuous. *Ibid*, p.49)とも述べている。この様々な分野で目的となっている、新しい価値の感覚は、最初はぼんやりして、はっきりしていないが、これらの価値が、じっくりと考えられ、活動に移されたとき、それらの明確性や一貫性が深まる。その場合に、この目的としての狙いと現存している条件との「相互性」(interaction)は、この理想的なものを改良して、テストする。すると同時に、諸条件は修正され、最終的に理想は、現存する条件に合うように変化していくことになる。

デューイは、「こうしたプロセスは、人間性の生活と共に持続し、しかも前進する」(The process endures and advances with the life of humanity.)と述べ、「この自然なプロセスの中にある、活力のある諸要因が、情緒や思考や活動において全般的に認められるようなとき、このプロセスは、結果的に超自然的なるものの観念になってしまうような、そんな的外れな要素を削除することによって、促進も、純化もされるだろう」としている(*Ibid*, p.50)。

こうした考え方を、デューイは「神」や「神的なもの」の観念にも適用してもかまわないと考えている。それは、これらの観念が、理想の成長を促進し、それの実現化を進めるような、自然的な力や人間と人間的な連想を含む条件に結びつけられているからである。

しかし、デューイが、あくまでも最終的にこれらの観念に意義を認め、「神」という名称を与えられるとするのは、このような理想と現実との能動的な関係においてだけである。デューイは、そのことを「理想目的の現実的な諸条件との結合のようなものの、明確で、激しい概念には、安定した情緒を引き起こす能力がある」(*Ibid*, p.51)とまとめている。

伝統的な超自然主義と攻撃的な無神論の問題

第一章で、デューイは、M・アーノルドの「情緒に触発された道徳性」(“morality touched by emotion”)という言葉を引用して、「宗教的なるものは、『情緒に触発された道徳性』である。それは、あくまでも道徳的な確信の目的が、単に情熱的なだけでなく、それらが自己を統一するために、目的によって、そのように包括的に行動し、サポートされるような、諸々の情緒を刺激する場合である」(*Ibid*, pp.22-23)と述べていたが、ここでもデューイは、「神」や「神的なもの」の観念に、「そのように働いている、理想目的の現実との結合の**効用**」(the *function* of such a working union of ideal ends with actual, *Ibid*, p.52)として、自己を統一し、安定させるような道徳的な「情緒」(emotion)、所謂「宗教的なるもの」としての「宗教的情操」を認めている。

以上のように、デューイが「情緒」に理想的なものと現実とを結合させるような効用を認め、それを示すのに敢えて「神」という言葉を使用することを認めようとするのは、伝統的な超自然主義と攻撃的な無神論には、共に人間を自然から孤立させる、という問題があるからである。

デューイは、その問題について、前者を「人間の孤立した、寂しい魂の内側で演じられる、罪と救済のドラマを、究極的な重要性の一つとみなしている。人間から離れて、自然は、呪われたものか、無視してよいものかのどちらかである」と、後者を「自然への畏敬の念の欠如に冒されている。詩人たちが、いつも褒め讃えてきた、自然に人間を結びつける絆は、軽々しく見過ごされている。この態度は、多くの場合、人がどうでもよい敵の世界に住んでいながら、無視の爆風をあびせるようなものである」(*Ibid*, p.53)と説明している。特に、後者の無神論には、第一章でデューイが安定した「パースペクティブ」に伴うとした、「自然への畏敬の念」という「情緒」が欠けていることを指摘している。

第三章　宗教的効用の人間的居場所

第二章の「信仰とその対象」では、第一章の「宗教対宗教的なるもの」で、「宗教」から区別した、「宗教的なるもの」の信仰対象を、「理想目的」や「理想価値」とし、そうした理想的なるものが、経験の科学的方法や探究などにおいて、実際にどのような宗教的効用をもたらすかが明らかにされた。

この第三章の「宗教的効用の人間的居場所」では、デューイは、本来は「住まい」を意味する"abode"という言葉で、二〇世紀の急激な社会変化の中で、それまでの第一章や第二章で「自然への畏敬の念」と呼んだ、「情緒」としての宗教的効用が、社会の中にどのような居場所を確保できるかを論じている。また、それは、「社会的結びつき」(social connection)が、コミュニティからアソシエーションへと変化し、宗教が公的領域から私的領域へと「世俗化」(secularization)していく中での聖職者や教会の課題でもある。

デューイは、聖職者が宗教的コミュニティの代表者として、儀式や教育などの活動で人びとに影響力を及ぼしていたのは昔のことであって、現在でもそうした宗教的コミュニティが見られるのは、「ロシアのユダヤ人コミュニティ」(訳註の47参照)ぐらいだとしている。これは、一九世紀にロシアからアメリカへ少し遅れて移住してきた、民族主義的で、閉鎖的なロシア系ユダヤ人集団のことで、ニューヨークやサンフランシスコなどの大都市の地域では、マイノリティの密集居住地をさし、「ゲットー」(ghetto)と呼ばれているものと推測される。

科学が宗教に及ぼす間接的な効果や影響

デューイによれば、宗教がこれまでの歴史でも、「国民国家」(national state)などで、世俗的な(secular)コミュニティにおいて権力や影響力を増大させてきたのは、個人の自発的な選択であるアソシエーションへの参加を犠牲にしてきたからであって、個人が自身の意志作用によって、その責任を引き受けるのであれば、教育、政治、経済、科学など様々な分野でのアソシエーションの拡張は、宗教から独立に考えられるとする。

但し、こうしたアソシエーションの拡大は、宗教の「世俗化」にとっては非 - 宗教的 (non-religious) な二次的な問題であり、それほど大きなことではなく、むしろ問題なのは、科学が宗教に及ぼす間接的な効果や影響であって、それらは、ほとんど無意識であるために、この問題はかえって深刻であるとする。

「スコープス裁判」

デューイは、ここではそうした科学の発展に自身の信仰が直接的にほとんど傷つけられなかった例として、宗教のファンダメンタリストやカトリック教会をあげ、この問題が明確にされた事件として、生物学的な進化論を巡って、一九二五年にアメリカのテネシー州デイトンで起こった、「スコープス裁判」に言及している（訳註の52参照）。

この裁判は、前章でも述べたように「モンキー裁判」とも呼ばれる進化論対創造説論争を象徴するもので、一九二〇年代のアメリカの「モダニスト・ファンダメンタリスト論争」の一つである。裁判は、ラジオや新聞などのメディアを通じて全米の注目を集めることになった。検察側の大統領候補にもなったウィルソン政権下の国務長官だったウィリアム・ジェニングス・ブライアン（William Jennings Bryan, 1860-1925）が、「進化論や社会進化思想にみられる適者生存論は、強者のみを正当化していて弱者を守ることできない」と主張したのに対し、弁護側は、著名な弁護士で、不可知論者として知られたクラレンス・ダロウ（Clarence Darrow, 1857-1938）が、ブライアンに「どのようにして、イブはアダムの助骨からできたのか」、「ノアの洪水の発生年代はいつか」などの難問を繰り返し、「神が実際に六日間で世界を創造したわけではないかも知れない」と、創造説の前近代性を認めさせた結果、裁判は常に弁護側に有利に展開し、全米にファンダメンタリズムのもつ非科学性、時代錯誤性が宣伝されることになった。しかし、結果は圧倒的に保守派の支持を後ろ盾にした、ブライアンの勝利となった。

このスコープス裁判で、デューイは、検察側でこの裁判の数日後過労で亡くなったブライアンに、科学の発展に自身の信仰が直接的にほとんど傷つけられなかった、ファンダメンタリストの人物像を思い描いていたのではないかと思われる。デューイは、この問題を次のように述べて締めくくっている。

「翻って、キリスト教会組織の内部であっても、専門職の階級は、一般の人のパースペクティブやどのような価値に重点をおくかでのこのような変化を感じていない。それは、何か深刻な状況がこの変化を明らかにするまではそうである。彼らは、そうなった場合に、それまでに生じてきた、新しい関心の妥当性を精力的に否定することになる。ところが、彼らはただ観念に対してではなく、むしろ関心に対して働きかけているので、彼らが必死に努力しても、すでに納得させられた人たち以外は納得させることがない」（*Ibid.*, p.64）。

宗教の「世俗化」の問題

以上のように、デューイは、社会的な結びつきがコミュニティからアソシエーションへ変化していく「世俗化」の過程で、科学の発展がファンダメンタリストやカトリック教会に間接的に与えている影響について、進化論対創造説論争を例にあげ、創造説の前近代性を明らかにした上で、次に、宗教の「世俗化」の問題について論及している。

デューイは、最初に「ルネサンスは、本質的には世俗主義(secularism)の新たな誕生であった」(*Ibid*, p.64)と述べている。ルネサンスは、一般的には歴史で「近代」を象徴する運動として、その特徴は「人文主義」(humanism)と呼ばれているが、デューイは、この「ルネサンス」を敢えて「世俗主義」(訳註の53参照)と表現し、一八世紀の啓蒙思想の「自然的理性」(natural reason)に基づく「自然宗教」(natural religion)やキリスト教のプロテスタントの一派「会衆派」(congregations)、一九世紀のロマンティックな「超越主義」(transcendentalism)など、その後の「超自然的なるもの」(the supernatural)が世俗的な生活一般に拡散していくような、宗教の「世俗化」についても言及している。

デューイは、こうした「世俗主義」の運動を「宗教の**社会的**な位置や効用」(the **social** place and function of religion)と関係するものと考え、「人類が地球上に現れて、数千年の間に宗教に起こった、最大の革命の特質を知性的に反映したものである」(*Ibid*, p.65)と述べている。具体的には、それは「超自然的なるもの」の一般の人への影響力が、教会の「コミュナルな組織」(communal organization)の制度的な権力から分離して、反対に世俗的とみなされていた、「アソシエーションの形態」(forms of association)が、教会制度に侵入し、人々が、仕事やレクレーションや市民生活や政治活動に自らの時間を費やすやり方を、変えてきたとしている。

ここから、デューイは、こうした「世俗主義」という革命がもたらしている現実の問題を、次の二点に要約している。

⑴諸々の条件としては、この活動は、個々人の側の個人的な選択や解決の問題であって、社会的組織そのものの本質の問題ではない。⑵宗教の精神が、世俗的な事柄に行き渡るべきだとする信念があったのに、世俗的な事柄に、個人が私的な態度を引き入れたり、あるいは持ち込んだりする、まさにその事実が巨大な変化となっている(*Ibid*, pp.65-66)。

この部分はかなり分かりにくい考察であるが、デューイは、宗教の「世俗化」や「世俗主義」が社会にもたらす、現実の問題をこの二つの意味で考えている。⑴は、社会的な結びつきがコミュニティからアソシエーションへ変化していく中で、信仰を個人の私的な問題とする、宗教の「個人化」、即ち宗教の「私事化」(privatization)〈デューイ自身はこの言葉を使っていない。〉という意味での、宗教の「世俗化」であり、これは、「世俗化」の積極的な側面である。⑵は、「宗教の精神が日常生活に浸透すべきとする」信念があったにもかかわらず、実際には「世俗化」のためにそうなっていない、「世俗化」を、宗教の側から「教会離れ」や宗教の「衰退」(degeneration)として否定的に捉えるような、原理主義に近い意味である。

デューイ自身は、宗教の「世俗化」や「世俗主義」に、こうした二つ意味を生じさせるのは、「宗教的なるもの」と「世俗的なるもの」とを区別することが原因だと考えている。そして、この点にこそ「宗教的なるもの」と「世俗的でしかも神聖でないこと」(secular and profane)とを区別する、伝統的な「宗教」と、デューイのそうした聖俗の「境界線」(division) を必要としない、「宗教的効用」即ち「宗教的なるもの」との違いがあるとして、次のように述べている。

「ここにこそ、これまで私が、ひとつの宗教と宗教的効用との間に引いてきた区別が、独自に適用できるような場所がある。宗教的なるものと、世俗的でしかも神聖でないことの間に線を引くことは、超自然的なるものに基礎を置く、いわば、宗教の本性である。そのことは、宗教が、それらの他の宗教以外の関心を支配するために、教会やその宗教の権威の正しさを主張する場合であっても、同じである。しかし『宗教的』(宗教的なるもの) ということが、超自然的なるものから独立して、ある一定の態度や見通しを意味する概念性は、全くそのような聖俗の境界線を必要としない」(*Ibid*, p.66)。

宗教の歴史の「三つの成長の段階」

デューイは、こうした宗教の「世俗化」や「世俗主義」の視点から、宗教の歴史には「三つの成長の段階」(three stages of growth) があるとしている。

第一段階は、「人間的関係性は、外的で超自然的な資源からの救済を求めれば求めるほど、堕落した人間的な本性という悪に汚染されている」(*Ibid*, p.72) とする、原理主義や超自然主義の立場で、「世俗化」を、ローマ・カトリック教会からの「教会離れ」として宗教の「衰退」とする、(2)の「世俗化」の否定的な意味である。

第二段階は、キリスト教のプロテスタントに共通しているもので、人間と神との関係を個人の問題とする、⑴の「私事化」としての「世俗化」の意味で、これは、リベラル派のサークルやリベラル派の神学者に代表される二元論的な考え方である。

デューイは、この考え方がもたらしている分裂状態を「心の二重性」(doubleness of mind, *Ibid*, pp.70-71)、「二種類の真理の新事実」(a revelation of two kinds of truth)、「第二の対比」(a second contras, *Ibid*, p.71)、「真理の二重の新事実」(the dual revelation of truth, *Ibid*, p.72)、「スピリチュアルな諸価値の二つの領域という考え方」(the idea of two realms of spiritual values, *Ibid*, p.73)など、様々な呼び方で表現しているが、その不安定な状態を、次のように説明している。

「自然科学の発展は、異常なものも、『自然的な』説明ができる、出来事と同じ水準にした。それと同時に、積極的な社会的関心の発達は、天国―そしてその反対の、地獄―を背景に押し込んだ。それによって教会の効用と職務は、ますます専門化されることとなった。そのことで初期とは対照的に、神聖ではなく、世俗的とそれまで受け取られていた関心事や価値が、しだいに大量になり、しかも重要となった。それと同時に、基本的で、究極的なスピリチュアルや理想価値が、超自然的なるものを連想させるような観念は、いわば、ぼんやりした背景やオーラとしていまでも続いている。この観念に敬意をもって従う、この種のことは、具体的な関心の移動と一緒に残っている」(*Ibid*, p.70)。

こうした宗教の「私事化」がもたらしている、スピリチュアルな傾向の個人の宗教意識を、トーマス・ルックマン(Thomas Luckmann, 1927-)は、著書『見えない宗教―現代宗教社会学入門―』(*THE INVISIBLE RELIGION The Problem of Religion in Modern Sovcety*, 1967、赤池憲昭、ヤン・スィンゲドー訳、ヨルダン社、一九七六年）で「見えない宗教」(invisible religion, 1967) と呼んでいる。現在のアメリカ社会でも、「ニューエイジ」(New Age) や「新霊性運動」(New Spirituality Movement) と呼ばれる、個人主義的な傾向の新親宗教は多く存在している。

また、宗教学者の藤原聖子（『現代アメリカ宗教地図』平凡社、二〇〇九年）によると、こうしたリベラル派の二元論的な考え方は、プロテスタントの「エキュメニカル派」(Ecumenical) や「ユニテリアン」(Unitarian) に多い考え方であり、彼らは『聖書』をよりどころとするが、それは人間が書いたものであり、書かれた時代の制約を受けているのだから、時代に合うように解釈しても構わないと考える。つまり進化論など、科学的な見方を許容し、神が天地を時の最初に創造したわけではないとする。リベラル度のもっとも強いプロテスタントは、「ユニテリアン」で、三位一体説を否定し、イエスを神格化せず、イエスは優れた指導者ではあったが、あくまで普通の人間だったと考える立場である。

宗教の歴史の第三段階は、「宗教的なるもの」と「世俗的なるもの」との聖俗を区別することがないため、(1)の宗教の「私事化」の意味や、(2)のように「世俗化」を宗教を否定するものとして捉えることもない。この段階は、「理想目的」や「理想価値」を信仰の対象とし、そこでは「自然への畏敬の念」という情緒という「宗教的効用」が重視される。これは、デューイ自身のプラグマティズムの自然主義の立場である。

デューイは、この第三段階への移行がなければ、第二段階のリベラル派の二元論から、(1)の意味での宗教の「世俗化」はいつまでも続くとして、そのことを「神的なるものが、二重に、しかもパラレルに現れるとする考え方では、後者の生活のうちの分裂では、神的なるものの方が、超越的な地位と権威をもっていて、それは、不安定な均衡の状態 (a condition of unstable equilibrium) をもたらすとしている。この状態は、エネルギーが向けられる対象を分裂させることによって、エネルギーをそらすように作用している」(*Ibid*, p.73) と批判している。

デューイは、また第二段階のリベラル派の二元論的考え方には、こうした「不安定な均衡の状態」があるために、社会諸制度の政治の堕落、経済的なエゴイズムや残酷さなど、現実社会の「悪」を呼び起こして、一部の社会的関係は質が低下していて、その「不道徳」の罪から、結果的に超自然的な救済を求める、第一段階の超自然主義へ戻るような傾向も生まれるとも指摘している。

諸制度と社会的関係の関係性＝偶然的

デューイは、こうした諸制度の「悪」を呼び起こすようことによって、社会的関係の「不道徳」の罪から、結果的に超自然的な救済を求める、リベラル派の第二段階の意識には、社会的関係の「世俗化」を(2)の意味で否定的に捉えて、それを宗教の「衰退」とする傾向が見られるが、そこには「実際にあるような諸制度は、社会的関係の直接の反映である」(*Ibid*, p.75) とする、様々な諸制度の「悪」の問題のすべての原因を単純に社会的関係にあるとする、「表現されていない前提」(the unexpressed premise, *Ibid*, p.75) が隠されていると考えている。

デューイによると、この制度と社会的関係の関係性は「偶然的」(accidental) である。それは、マルクス主義で言うような、その時代の物質的生産力に対応した生産関係（生産手段の所有関係）、即ち社会的関係が土台となって、法律や政治的な諸制度がつくられるとする、唯物史観のようなものではない。それは「人間の社会的存在がその意識を規定する」という言葉に定式化される、下部構造と上部構造との関係性にあるような単純なものではない。

デューイ自身は、ここではマルクスに直接言及しているわけではないが、他の著作、例えば一九三九年の『自由と文化』(Freedom and Cultre, 1939) には、次のような、マルクス主義の絶対論への批判が見られる。

「わたしはこれまで、社会の出来事を、人間性の諸要素を一方とし文化的諸条件を他方とする『相互作用』(interaction) の結果として見るべきである、といってきたが、それは〔絶対性を主張する〕理論とは根本的に異なるものである。相互作用のするいくつかの要素のうちの一つを、あたかもすべてであるかのように説明する〔のが絶対論である〕。本章においては、人間性の要因をほとんど無視するような社会理論を、批判的に検討する。それは人間性の要因を無視する一方、環境のもたらす諸条件だけで出来事を説明したり、政策を提起しようとする。相互作用における環境要因が切り離されて最高位におかれるとき絶対論が生まれるが、その典型としてマルクス主義をあげる。……マルクス主義は、『客観的』あるいは『現実主義的』絶対論の一つの例である。……マルクス主義を批判することとは、社会における経済的要因の意識を否定することをけっして意味しない。また、現在の経済体制が民主的自由を破壊するさまざまな結果を生む場合があることを、認めようとしないというのでもない。このようなことは、今日では一応常識となっている。むしろ特定の要因を他から切り離して『すべての』社会的変化の『唯一の』原因として扱うことが妥当であるかどうかを、マルクス主義批判は明らかにしようとするのである。……」（「自由と文化」『ジョン・デューイ』アメリカ古典文庫13、明石紀雄訳、研究社、一九七五年）。

デューイの主張は、社会的関係から生まれる諸制度は、たとえそれがどのように優れたものであっても、それらの制度の問題は、マルクス主義の経済決定論のように経済的生産力に対応した生産関係からだけ必然的に生まれるものではない。もともとマルクス主義には、制度が社会的関係に影響を及ぼすという点が認められていて、それは一つの重要な「留保」、即ち限定条件であったが、それが無視されただけであって、経済的な生産力と生産関係（生産状況、生産体系）には、それ以前の政治的、法的な社会制度の影響が残るため、時間的には後者が前者に遅れるというものである。

このことについて『自由と文化』では、さらに次のように述べている。

「……マルクス主義のように、（実際にはほかの要因と相互作用しているときにのみ作用する）要因を分離して扱う考え方からすれば、社会的活動および社会におけるさまざまな政治的、法的、科学的、芸術的、宗教的、道徳的関係のあり方を決定するのは、究極的には特定の時点における経済生産力であるとされる。当初、理論が作られたときには、一つの重要な『留保』(qualification) があったが、のちには無視されるようになった。つまり政治の諸関係や科学は、ひとたび形成されると別の新たな変化を生じること、その結果第一義的にそれらの形成に作用した諸力に、ある程度まで影響をおよぼすであろうという点は認められていたのである。

この留保が無視された、あるいはとるにたらないものとされたのは偶然ではない。それらは実際的理由から出たのであった。かりにこのような留保が認められるならば、今や原因と認められる副次的な効果が任意の時点でどのような効果を招くかを明らかにできるのは、〔抽象的理論ではなく〕現実の詳細な観察だけである。実際の状況の検討、それだけが問題を解決する方法なのである。その結果はたとえば科学の影響はどこに現われ、経済的生産力そのものの影響はどこまでおよぶかを明らかにする。このような観察・検討の方法をとることは、結果的に、経済決定論の包括性を捨てることを意味する。むしろ相対主義的・多元的思考法、つまり経済的要因をもっとも重要なものとして見ても、同時にいくつかの相互に作用する要因を検討することを、それは意味するのである。

この留保が、マルクスがそうした以上に認識されていたならば、彼の歴史における地位はより際立ったものであろう。……彼はまた生産力と実際の生産状況とを区別し、しばしば後者は前者より〔時間的に〕遅れることを指摘した。そしてこのずれの原因は、生産力が、それ以前の生産体系を支配していた政治的法的条件に今もって影響されている結果であることを、かなり具体的に示したのである。この点からすれば、マルクスの社会批判は洞察に富み、永続すべき内容のものだったのである。……」（前掲書）

本文で、デューイは、これと同じようなことをアメリカの「制度経済学」（institutional economics）の経済学者のクラレンス・E・エアーズ（Clarence Edwin. Ayres, 1891-1972）（訳註の60参照）の「我々の産業革命は、何人かの歴史家が言うように、織物産業の半ダースの技術改良とともに始まった。それから、紡ぐ、編むような、明らかな改良以上に、我々が少しは重要なことが起こったことを我々が理解するのに、一世紀かかった」（*Ibid.*, p.75）という言葉を引用して述べている。

社会的知性

デューイは、「諸制度と社会的関係との関係は偶然的なものである。なぜなら結果的に生じた制度の不都合は、予知されも、意図されてもいなかったものである」(*Ibid*, p.76)として、諸制度の様々な問題の原因を単純に、経済的生産力や生産関係などの社会的関係にあるとしてしまうのではなく、それらを「制度」(institution)そのものの問題として捉える、「社会的知性」(social intelligence)の働きが重要であるとする。そして、こうした「社会的知性」の成長を妨げる「障害物」(obstruction)が、宗教の「超自然的な働きかけ」(supernatural agencies)や「抽象的で道徳的な力」(abstract moral forces)であると考えている。

それらは、本来は制度そのものである問題を、「社会的な悪」(social evils)として、そこに人間の罪深さや心の堕落や自己‐愛や権力愛など、「漠然とした道徳的な原因を持ち込むこと」(the importation of general moral causes)に利用され、結果的に「**現状維持**」(*status quo*)のために、権力与えられている「既得権益」(vested interests)を強化していると考えている。

デューイは、社会の「偶然の領域」(the region of accident)における「社会的知性」のあり方を、次のように説明している。

「現在の**社会的**現象を説明するために、漠然とした道徳的な原因を持ち込むことは、同じ知性的レベルにある。伝統的諸宗教の威信によって強化され、超自然的なるものを用いる信念の情緒的な力によって後押しされて、こうした持ち込みは、社会的知性の成長を窒息させる。その社会的知性によって、社会的変革の方向性が、先に偶然の意味が明確にされた(七五〜七六頁)ように、偶然の領域から取り出されることができたのである」(*Ibid*, pp.77-78)。

自由放任主義への批判

以上のように、「社会的知性」の成長を妨げるものとして、デューイは、宗教の「超自然的なるもの」を取り上げているが、これと同じような傾向が、現代のリベラル派の神学者にもあるとしている。

それは、一部の宗教サークルに見られることで、「個人の魂の、単なる個人の救済」(mere individual salvation of individual souls) の考え方と政治や経済における「自由放任」(*laissez-faire*) の考え方に対しての反発で、これらの個人主義やリベラリズムに反発するような傾向は、人間に「孤立して、個体としての存在の空虚さの自覚を大きくさせるサイン」(signs of the growing awareness of the emptiness of individuality in isolation) を生じさせ、そうした孤独感や虚しさは、人間を「絶望的状況」(the desperate situation) に追い込み、社会的な問題を改善するのに、安易に「超自然的な介入」に訴える「自由放任主義」(*laissez-faireism*) の立場をとらせる結果になるとしている (*Ibid*, pp.78-79)。

第三章のこの部分のデューイの「自由放任主義」の批判は、かなりわかりにくいところがあるが、デューイが一九三五年の『自由主義と社会的行動』(Liberalism and Social Action,1935) や『自由と文化』など他の著作では、アダム・スミスに言及しているところを見ると、アダム・スミスの『道徳感情論』(The Theory of Moral Sentiment, 1759) や『国富論』(An Inquiry into the Nature and Causes of the Wealth of Nations, 1789) に登場する「見えざる手」(an invisible hand) の概念を意識していると考えられる。

先に引用した『自由と文化』には、マルクス主義批判と共に、次のような「自由放任の個人主義」(laissez-faire individualism)や「自由放任主義」(laissez-faire view)についての記述が見られる。

「マルクス主義に内在する理論的弱さは、或る限定された状況にもとづいて到達された一般化(generalization)さえあれば、観察の継続は要求されないとした点、および作業仮説の役割のおける一般化には、継続修正の必要はないとしている点である。すなわち科学的という名のもとに、まったく反科学的というに近い手続きが作られたことである。一般化はあたかも究極的な『真実』であるかのように、またあらゆる場合に適用されるものとして提起されたのであった。**自由放任の個人主義**も、同様に大胆な一般化に走る傾向があったが、方向はまったく異なっていた。両端結合の法則によって、この背景はマルクス主義にとって有利な文化的雰囲気を創造するのに貢献したのであった。しかし二つの誤った答えがあわさっても、一つの真実は生まれない。とくに、二つの誤りがいずれも同じ原因から出ている場合にはなおさらのことである。歴史的事実をいくつか無視するならば、マルクス主義は、開放された市場における完全な自由競争は自動的に人と人とのあいだおよび国家間の調和を生むとする古典派の経済理論を、一般化して言いかえただけにすぎないのである。—マルクス主義においては、個人の競争を階級闘争とおきかえたという相異はあるが。社会的現象を一元的に説明する例としてマルクス主義を選んだのであるが、少しまえならば、アダム・スミスの思想が功利主義の倫理および心理学の諸概念と結びついてできた**自由放任主義**を選んだことであろう。……」(前掲書)。

デューイは、マルクスが、社会における様々な問題を「経済」に「一般化」したと同じような誤りが、アダム・スミスの「自由放任主義」においても、「自由競争」を「一般化」した「開放された市場における完全な自由競争は自動的に人と人とのあいだおよび国家間の調和を生む」とする考え方に見られるとしている。この考え方は、「見えざる手」の導き、即ちデューイの言うところの「超自然的な介入」を想定しているとものと考えられる。

情熱的知性、公的な関心、社会的情緒

以上のように、デューイは、「社会的知性」が、社会の問題を社会的現象として考察する場合に、宗教の「超自然的なるもの」が介入することや、それに伴うような「情緒的な力」(emotional force) も認めていないが、「社会的知性」においての「情緒」(emotion) の働きを必ずしも否定しているわけではない。第一章の「宗教対宗教的なるもの」(二二頁) でも、「宗教的なるもの」を、M・アーノルドの言葉を引用して、「情緒に触発された道徳性」と呼んだように、デューイは「道徳性」の延長上に、自己を統一するような「情緒」としての「宗教的なるもの」を宗教的効用として重視している。

デューイのこうした「情緒」を重視する姿勢は、「知性と情緒の間にはいかなる対立もない」として「情熱的知性」(passionate intelligence) という言葉を使用していることや、「諸々の目的に情緒を取り付けることの実験」(the few experiments in the attachment of emotion to ends) の一つとして、「献身」(devotion) を例にあげていること、あるいはカントの『純粋理性批判』(*Kritik der Reinen*

Vernuft,2.Auflage, 1787、『純粋理性批判2』中山元訳、光文社古典新訳文庫、二〇一〇年）の中の「内容のない思考は空虚であり、概念のない直観は盲目である」(B75)の部分の「概念のない直観は盲目である」を意識して、「知性と融合しない情緒は、盲目である」とも表現し述べていることからも読みとることができる。

デューイは、こうした「情熱的知性」や「情緒」を「公的な関心」(public interest) として、それを理解することが「重要性の感覚」(a sense of a significance) であるとして、次のように説明している。「人間的アソシエーションのモードは、そのひとつ残らずが、『公的な関心のようなものにははね返ってくる』。そのためにこの関心を十分に理解することは、その効用では宗教的であるような、いわば、重要性の感覚と同じである」(All modes of human association are "affected with a public interest" and full realization of this interest is equivalent to a sense of a significance that is religious in its function. *Ibid*, p.80)。

デューイは、ここで「情緒」としての「公的な関心」を理解することが、「宗教的なるもの」の宗教的効用であるとしているが、これは何を意味するのであろうか。

第一章の「宗教対宗教的なるもの」では、パースペクティブの構成要素には、「我々が部分である全体」(the whole of which we are parts) と感じられる、「人間的本性の尊厳の感覚」(the sense of the dignity of human nature) や「畏敬や尊敬の感覚」(the sense of awe and reverence) があり、それらを通して自然と協同することで、パースペクティブは安定したものになるとして、デューイは、こうした感覚に基づく「情緒」(emotion) を「自然への畏敬の念」(natural piety) と呼んでいた。

「自然への畏敬の念」は、パースペクティブを安定させるために、人間自身が宇宙という全体の部分であると感じることによってもたらされる「情緒」である。この情緒は、我々が、社会全体の一員であると感じる「公的な関心」と類比的に考えることができるのではないだろうか。デューイは、ここでも「自然への畏敬の念」と同じように、「公的な関心」のような宗教的情操を宗教的効用としている。またこうした情操は、社会の中での「公益性」や「公共心」、あるいは「協同的な精神」と言い換えることもできるのではないだろうか。このことが、この第三章のタイトル「宗教的効用の人間的居場所」(the human abode of the religious function) で、デューイが主張しようとしたことではないだろうか。

この"abode"という言葉は、第一章でもとりあげた、一九二九年の『確実性の探求』(前掲書) の中でも「畏敬の念」を呼び起こす「最後の居場所」として、次のように使われている。

「(それよりも) 自然は、それの欠陥と不完全性にもかかわらず、人間性を包括しながら、諸々の理想や可能性や、自然の欠陥と不完全性に代わる抱負の源泉として、またあらゆる達成された善や、卓越性の最後の居場所として、心からの畏敬の念を呼び起こすことがある」(But nature, including humanity, with all its defects and imperfections, may evoke heartfelt piety as the source of ideals, of possibilities, of aspiration in their behalf, and as the eventual abode of all attained googs and excellencies. *The Quest for Certainty*,1929.The Later Works of John Dewey, Volume 4,1925-1953: Jo Ann Boydston ed. Carbondale : Southern Illinois University Press. p.244)。

デューイは、「情熱的知性」を働かせて、我々が、既得権益や高い地位の権力を確固たるものにしてきた敵と闘争していくためには、「超自然的なるもの」へ依存性か、あるいは「自然的」な働きの使用かの「二者択一」に迫られるとする。そして、この「二者択一」は、更なる次の二つの選択を我々に迫ることになるとして、次のように述べている。

「もしこれに直面するならば、そのことはまた次のように理解されるものである。この選択のひとつの要因は、あくまでも超自然的なるものに委ねられるものの力を借りることへの依存性か、もうひとつは、社会的情緒のかすかな動きを感じている、男女が一人残らず、それには、意識的にしても、無意識的にしても、超自然的なるものに背を向けている、多くの人々も含まれるが、それらの人々と同盟することかのどちらかである。」(*Ibid*, p.82)。

ここでも、デューイは、「社会的情緒」(social emotion) という表現で、既得権益と闘争していくための連帯のための「公共心」や「協同的な精神」の重要性を指摘している。

教会の役割

デューイは、最後に教会の役割についても言及している。教会には、時代のサインとして「教会は社会的出来事にもっと能動的な関心を示し、戦争や経済的な不正や政治的な腐敗など、当該の問題に対して、明確な立場をとり、地上の神の王国への活動を激励すべきである」(Ibid, p.83) といった要求があるが、それは、教会が超自然的なるものに関係している限り、それを実行する場合に、そこには、どうしても次のような「本来的な矛盾」(an inherent inconsistency) が生まれるとする。

「一方では教会は、それ自身が経済的、政治的な問題に首を突っ込むと、自らの特別な領域から僅かに逸脱しているとして非難される。また他方で教会は、仮に最高の諸価値や動機づける力の独占とまではいかないにしても、まだそれらと独自の関係のようなものがあるように触れこんでいるので、ただこうした事実だけでも、教会が、自然な、しかも平等な人間的なものを基準にして、社会的な目的の促進に参加することを、不可能にしてしまっている」(*Ibid*, p.83)。

デューイは、教会からこうしたジレンマを取り去るためには、教会が「排他的で、権威的な地位を要求する権利を放棄すること」(the surrender of claims to an exclusive and authoritative position, *Ibid*, p.83) が「必要条件」(a *sine qua non*) になるとしている。

また、デューイは、キリスト教の「共通する兄妹の間柄」(the common brotherhood) という観念についても、それを単なる「リップサービス」だとして、キリスト教のスピリチュアルな貴族主義に見られる「兄妹愛」(brotherly love) についても同じように批判している。

政治哲学者のハンナ・アーレント(Hannah Arendt, 1906-75)も、キリスト教のこの点を『人間の条件』(Hannah Arendt, *The Human Condition*,1958、志水速雄訳、ちくま学芸文庫、一九九四年) の中で指摘している。彼女は、キリスト教のこの「無世界性」について、「キリスト教の共同生活がただ同胞愛 (brotherly love) の原理だけに支配されている限り、公的領域がこの生活から生まれてくるようには思われない。」(p.80) とも述べている。

おわりに

デューイの"A Common Faith"という著作は、この第一章の「宗教対宗教的なるもの」で、特定の宗教に執着しない宗教的態度を、"religion"から区別し、「調整」、「再方向づけ」、「パースペクティブ」、「自然への畏敬の念」、「情緒に触発された道徳性」、「公的な関心」などの概念として"the religious"(「宗教なるもの」)と表現したことで、ある特定の宗教の宗派教育には限定されない「宗教教育」の名著と言ってもいいのではないだろうか。

日本では、憲法第二〇条の政教分離の原則や教育基本法の第一五条で、私立学校以外での「宗教教育」は制限されているが、文科省の学習指導要領では、「畏敬の念」という表現で、公立学校でも「宗教的情操」を教えることは認められている。デューイの「宗教的なるもの」における、特に「自然への畏敬の念」(natural piety)の考え方は、その「宗教的情操」としての「畏敬の念」と同じように、学校教育での「道徳教育」を支える「宗教的情操教育」の役割に応えるものと期待される(私は、それを「宗教哲学的宗教教育」と呼んでいる)。

宗教教育については、以前から河合隼雄(1928-2007)が臨床心理学や臨床教育学(clinical pedagogy)の立場からも、個体としての人間の成長には「壁」、「抑制者」(inhibitor)、「父性」のような「宗教的なるもの」が必要であると述べている。

二〇一八年度から「道徳」の特別の教科化の実施が予定されているが、これは、教育問題の中でも、近年日本でも増加傾向にある、深刻な「いじめ」問題を契機にしたもので、その対策として導入されたものである。私は、現在の多くの先進国に共通する「いじめ」や「不登校」などの教育問題は、自由や平等を基調とする、現代の民主主義がもたらした弊害だと考えている。

民主主義を政治原理としている社会では、リベラリズムや個人主義が浸透して、日本でも一九九〇年代前後から価値観の多様化や「私事化」(privatization) が進むことで規範意識や公共性が低下して、選挙では投票率の低下などに見られるように、政治的無関心が増加している。それは、ハーバード大学のマイケル・サンデル (Micheal J .Sandel, *JUSTICE What the Right to Do?*,2009、『これからの「正義」の話をしよう　いまを生き延びるための哲学』鬼澤忍訳、早川書房、二〇一〇年)が、ジョン・ロールズ (John Bordley Rawls,1921-2002) のリベラリズムを「負荷なき自己」(unencumdered self) と批判したことと同じで、結果的に人々の「自律性」を喪失させることになっている。

また、同時にカール・シュミット (Carl Schmitt、1888-1985) が言うように、「民主主義は、平等なものは平等に扱われるべきだという原理に則っているので、同質性を要求し、異質性を排除する形で成立する」(カール・シュミット『政治的なものの概念』田中浩・原田武雄訳、未來社、一九七〇年)。

この民主主義における「自律性」の喪失と「同質性」の強要という二つの傾向が、先進国の多くでは、原理主義やナショナリズムを刺激する、「反知性主義」(anti-intellectualism) をもたらし、結果として「移民の排斥」や「ヘイトスピーチ」などの社会問題を生じさせている。

学校教育での「いじめ」問題も、この反知性主義の一つの現象のである。但し、日本の「いじめ」

問題には「世間」や「平等意識」など、伝統的な集団主義の影響があり、それが「同調圧力」をもたらして、「いじめ」の傍観者層を増加させる原因になっている。〈私は、これを「平等のパラドックス」〈拙著『対立と対話——「いじめ」の問題から「対話」の教育へ——』柘植書房新社、二〇一〇年〉と呼んでいる。〉そのことを考えると、「道徳」を特別の教科にすることだけで、それが「いじめ」問題の解決への対策になるかには疑問がある。

リベラリズムや個人主義には、この他に、社会を心理化させている問題がある。それは、様々な道徳的な問題を、政治や制度や経済など社会とは関係なく、すべて個人の心理に還元してしまう「心理主義」(psychologism)である。それは、トラウマ論や自己責任論だけでなく、「ネアカ・ネクラ」のブーム、あるいは「コミュニケーション能力」、「ソーシャル・スキル」、「マンパワー」など、○○能力、○○スキル、○○パワーなどの表現に顕著に見られる。

デューイ自身も、本文の第一章でストア派の「決意」(resolution)や「意志作用」(volition)の心理主義的なところを批判しているが、第三章でもコミュニタリズムの立場から、個人主義の「心理主義」の問題を次のように批判している。

「十八世紀の『個人主義』のある種の反映である、一面的な心理学は、知識を仲間のいない人が達成したようなものとみなした。我々は、いまや知識は、共に生きている人類の協同的で、コミュニケイティヴな作用の産物のようなものであることに、気がつくはずである。このコミュナルの正体は、知識の正しい、コミュナルな使用の指示のようなものである」(A one-sided psychology, a reflex of eighteenth-century "individualism," treated knowledge as an accomplishment of a lonely mind.

We should now be aware that it is a product of the cooperative and communicative operations of human beings living together. Its communal origin is an indication of its rightful communal use. *Ibid*, p.86)。

私は、以上のような様々な問題の解決の可能性が、デューイの「自然への畏敬の念」や「公的な関心」など、「情緒」を重視した「宗教的情操教育」の考え方にあると考えている。

「宗教的情操教育」は、学校教育では必ずしも「道徳教育」だけに限定されるものでもない。特に「自然への畏敬の念」という気持ちは、児童・生徒の「安全」を目的にした「危機管理教育」や「防災教育」にも役立つものと考えられる。東日本大震災では、津波に襲われた岩手、宮城、福島の三県の五六小中学校のうちの四割近くの二一校が、防災教育どころか、津波に備える避難場所を災害時のマニュアルや避難計画に銘記せず、この三県だけでも児童・生徒の犠牲者は、六三五人であった。その中には、避難中に全校生徒の七割近くにあたる七四人の児童と一〇人の教職員が死亡・行方不明となった、石巻市の大川小学校もある。こうしたことを教訓にして、文科省は、「防災教育」を全面的に見直す方針を決めた。その内容は、児童・生徒が、教師の指示がなくても「どうすれば生き残れるか」を自ら判断し、主体的に避難行動ができることを目指すもので、岩手県釜石市の「家族がてんでに逃げろ」という伝承、「津波てんでんこ」を参考にしたものである。文科省は、これを「復興教育」とも呼んで、新指針は、学習指導要領の「生きる力」にも通じるものとコメントしている（朝日新聞、二〇一一年一一月二〇日）。

また、いまでも世界各地で、「宗教」の違いからテロ事件や争いが続いている。フランスでは二〇一五年には、週刊新聞社「シャルリー・エブド」への襲撃事件(1.17)やイスラム国によるパリ同時テロ事件(11.13)、二〇一六年にはニーストラック事件(7.14)や教会襲撃事件(7.26)が起きて多くの犠牲者が出た。その後もベルギーやドイツなど、ヨーロッパ各地で同じようなテロ事件が続いている。今年になってからはバングラデシュでも事件が起こり日本人も被害に遭っている。

これらの事件は、ヨーロッパ各地にイスラーム系の移民が増加している中で、「表現の自由」や「寛容」または「信教の自由」と訳される「トレランス」(tolérance)、特にフランスでは共和国の伝統でもある、世俗主義、政教分離の原則である「ライシテ」(laïcité)の在り方に一石を投じるような出来事でもあった。

デューイは、この著作で、地球上からこうした宗教対立をなくす一つの方法を考えている。それは、様々な宗教に共通する「宗教的なるもの」を認めることによって可能だとする、宗教の「寛容論」、「多元主義」(pluralism)の宗教論である。彼は、それを「コモン・フェイス」と呼んだ。

【参考文献】

John Dewey, *A Common Faith*, New Haven And London,Yale University Press. Copyright ©1934 by Yale University Press. J. Dewey, *A Common Faith*,1934,The Later Works, 1925-1953. Vol. 9:1933-1935 Southern Illinois University Press, 1915.

John Dewey, *A Common Faith*, New Haven & London, First edition 1934, Second edition 2013. Introduction copyright © 2013 by Thomas M. Alexander.Copyright © 1934 by Yale University

Press. Copyright renewed 1962 by Roberta L. Dewey.All rights reserved.

鏑木政彦「災害を日本人はいかに受け止めてきたか—関東大震災の場合」『高校倫理からの哲学災害と向き合う』別巻、岩波書店、二〇一二年、四～八頁

朝日新聞、二〇一二年一〇月一日夕刊

G.E.Moore, *Principia Ethica*, Cambridge University,1903、G・E・ムーア著『倫理学原理〔新版〕』深田昭三訳、三和書房、一九八二年、五〇～五一頁

I.Kant, *Kritik der reinen Vernunf*, 1781, 1787、『純粋理性批判6』中山元訳、光文社古典新訳文庫、二〇一〇年

John Dewey, *The Quest for Certainty*, 1929, The Later Works of John Dewey, Volume 4,1925-1953: Jo Ann Boydston ed. Carbondale:Southern Illinois University Press, p.244

I.Kant, *Kritik der praktischen Vernunft*, 1788. Beschluß、『実践理性批判2』中山元訳、光文社古典新訳文庫、二〇一三年、二四二頁

Steven C.Rockefeller, *John Dewey: Religious Faith and Democratic Humanism*, New York: Columbia University Press, 1991.

平井正穂編『イギリス名詩選』岩波文庫、一九九〇年

John Dewey, *Logic: The Theory of Inquiry*,1938. The Later Works of John Dewey, Volume 12,1925-1953: Jo Ann Boydston ed. Carbondale:Southern Illinois University Press, pp.106-122

Thomas Luckmann, *THE INVISIBLE RELIGION The Problem of Religion in Modern*

Soucety,1967、トーマス・ルックマン著『見えない宗教―現代宗教社会学入門―』赤池憲昭、ヤン・スィンゲドー訳、ヨルダン社、一九七六年）

藤原聖子著『現代アメリカ宗教地図』平凡社、二〇〇九年

John Dewey, *Freedom and Cultre*,1939. The Later Works of John Dewey, Volume 13,1925-1953: Jo Ann Boydston ed. Carbondale:Southern Illinois University Press、「自由と文化」『ジョン・デューイ』アメリカ古典文庫13、明石紀雄訳、研究社、一九七五年）

Hannah Arendt, The Human Condition,1958、ハンナ・アーレント著『人間の条件』志水速雄訳、ちくま学芸文庫、一九九四年）

朝日新聞、二〇一一年一一月二〇日

Micheal J.Sandel, *JUSTICE Wha't the Right to Do?*, 2009、マイケル・サンデル著『これからの「正義」の話をしよう　いまを生き延びるための哲学』鬼澤忍訳、早川書房、二〇一〇年

カール・シュミット著『政治的なものの概念』田中浩・原田武雄訳、未來社、一九七〇年

拙著『対立と対話―「いじめ」の問題から「対話」の教育へ―』柘植書房新社、二〇一〇年

あとがき

この"A Common Faith"の翻訳は、二〇一〇年の九月一九日に巣鴨の大正大学において開催された、日本デューイ学会の第54回研究大会での「宗教教育の可能性を考える」をテーマにしたシンポジウムをきっかけにしている。このシンポジウムの主旨内容は、次のようなものであった。「宗教教育については教育基本法において『宗教に関する寛容の態度、宗教に関する一般的な教養及び宗教の社会生活における地位は、教育上尊重されなければならない。』とされているのだが、第二項の国公立学校での特定の宗教のための宗教教育の禁止や憲法の政教分離の原則が強調されることで、宗教教育そのものが正面から議論されることはまれであった。確かに、特定宗教のためのいわゆる宗派教育を公立学校で行うことは問題であろうが、宗教的情操教育はもとより宗教知識教育までもが腫れものに触れるかのような扱いを受けている。一方で、近年、子どもや社会の現状から『いのち』を大切にするこころを育てる教育や大いなるものへの『畏敬の念』に向けた教育が論じられているが、これはこうした今日の宗教教育の在り様への反省とみることができるだろう。しかし、こうした議論において持ち出されがちな『宗教的情操』については、その概念の内容が曖昧であることから、この概念そのものを拒否する議論も珍しくない。

今日の我が国の子どもや社会の現状からみて、今必要なのはどのような教育なのだろうか。とりわけ、宗派教育でない宗教教育には何が可能なのだろうか。宗教教育にはどのような可能性と限界があるのだろうか。デューイの宗教論に学びつつ、かつアメリカや我が国における実践例を

念頭に置きながら、この問題を考え直してみたいと思う。」（日本デューイ学会第54回研究大会大会準備委員会）

このシンポジウムで、訳者は青山学院大学の大森秀子教授、大正大学の村上興匡准教授と共に、翻訳者はシンポジストの一人を務めた。そこでは、学校現場の教師の立場から「学校教育の『宗教的なもの』」という提案をしたが、その際にこの本を原典から読み直して、改めてデューイの宗教観に感銘を受けたことが、この本を翻訳しようと思った動機である。

実は、この本を翻訳していた、二〇一四年二月一〇日の朝、通勤途中に雪道で転倒して右足首を骨折するという大けがをした。この突然の禍、不幸で病院に入院して落ち込んでいたときに、知り合いとの電話の中で、思わず「日頃の行いがよくないので、罰があたった」、「疫病神が取り憑いた」、「そう言えば、元旦のおみくじは吉であったが、『病軽し』とあった」などと口走ってしまった。

考えてみれば、こうした思考は、デューイがもっとも嫌ったものだった。それは、自分の「不道徳」や「不節制」、あるいは「堕落」を理由に、怪我の原因を何か「超自然的なるもの」に結びつけることである。これは、デューイが「道徳的モティベーション」、と呼んだ宗教的要素の一つである。これが、「道徳的信仰の欠如」を「超自然的なるもの」に結びつけ、「知性的信念」へと転換させる。デューイのプラグマティズムの立場からすると、「自分の油断や不注意がけがの原因だ」、「もっと雪道のアイスバーンに注意すべきだ」、「あの古い長靴は危険だ」などの反省的思考が、デューイの「調整」(adjustment) という適応性の態度だったかもしれない。

この本の翻訳では、とても多くの人たちにお世話になった。英語を苦手とする私にとって、同じ職場の英語科の職員、子安雅博先生、富樫春人先生、武野洋子先生方のアドバイスには救われた。仕事で忙しい時間でも、私の突然の質問に、快く応じてくれたことに感謝している。また、私が非常勤で勤務している、大正大学の滝沢和彦教授には、この翻訳の動機にもなった、デューイ学会のシンポジウムでの発表の機会を与えてくれたことに感謝しています。

柘植書房新社での出版は、この『コモン・フェイス』の翻訳で三冊目ですが、今回の翻訳の出版を快諾してくれた、社長の上浦英俊さんと木下耕一路さんには感謝します。また校正では、同社の故松下孝一さんにいくつかの訳語について、適切な助言をいただき、僅かでも誤訳をなくせたことに感謝しています。残念なのは、校正中に末期ガンと診断され、五月に亡くなられたことである。心からご冥福をお祈り致します。本の装丁は、高校時代の同級生の、発明デザイナーの村田成康君と、その夫人の良子さんに世話になった。

この本を翻訳していた、二〇一三年の一一月一六日に、三七年前私が大学生であった頃に、デューイ学会へ入会するように勧めた、恩師の峰島旭雄先生（元日本デューイ学会会長）が亡くなられた。先生には学生時代にカントを教えてもらい、その後教員になってからは、自宅での「デューイを読む会」へ誘っていただき、原典でデューイを読む大切さを教えていただいた。生前に先生にこの本を届けられなかったことが、心残りである。

二〇一六年八月

■著者　ジョン・デューイ（**John Dewey**）
1859-1952年、プラグマティズムを代表する、アメリカの哲学者、教育哲学者、社会思想家。

■訳者　高徳　忍（たかとく　しのぶ）
1955年福井県生まれ。

大正大学文学部哲学科卒業、大正大学大学院文学研究科宗教学博士課程満期退学、兵庫教育大学大学院学校教育研究科修士課程修了、1984年より千葉県立松戸馬橋高等学校、千葉県立君津農林高等学校、千葉県立千葉工業高等学校、千葉県立千葉東高等学校、千葉県立千葉大宮高等学校を経て、現在、千葉県立幕張総合高等学校教諭、大正大学人間学部人間学科教育人間学非常勤講師。日本カウンセリング学会認定カウンセラー、日本デューイ学会、比較思想学会会員。

専攻：宗教哲学、臨床教育学、カウンセリング心理学

■主な著書と論文
『対立と対話――「いじめ」の問題から「対話」の教育へ』柘植書房新社、2010年、『いじめ問題ハンドブック――分析・資料・年表』柘植書房新社、1999年、「純粋理性の理想について――カント『純粋理性批判』における神学批判」大正大学院研究論集第10集、1986年２月25日、「公民科『倫理』の宗教教育の可能性――宗教哲学の視点からの試み」比較思想学会『比較思想研究』第24号別冊1998年3月他。

コモン・フェイス　**宗教的なるもの**

2016年12月5日第１刷発行　定価2500円＋税

著　者　ジョン・デューイ
訳　者　高徳　忍
装　丁　村田良子
発　行　柘植《つげ》書房新社
〒113－0033　東京都文京区本郷1-35-13　オガワビル１F
TEL 03（3818）9270　FAX 03（3818）9274
郵便振替00160-4-113372　http://www.tsugeshobo.com
印刷・製本　創栄図書印刷株式会社

乱丁・落丁はお取り替えいたします。　ISBN978-4-8068-0683-7 C0010